質的社会研究シリーズ
9

■シリーズ編集
江原 由美子
木下 康仁
山崎 敬一

発達障害の教育社会学

鶴田真紀=著

教育実践の相互行為研究

ハーベスト社

質的社会研究シリーズの刊行に寄せて

　現在、質的研究は、社会学、心理学、教育学、人類学といった社会科学の領域だけでなく、認知科学や情報工学やロボティックスといった自然科学や工学の領域にも広がっている。また特に、福祉、看護、医療といった実践的な領域では、質的研究のブームともいえるような現象が生まれている。

　このような、「質的研究の新時代」といわれる、質的研究の様々な領域における同時発生的な興隆は、いったいどうして生じたのであろうか。その1つの理由は、質的な研究に関して、様々な領域において共通する新たな固有の研究課題や方法的な課題が生じたからである。従来、質的な研究は、量的な研究との対比において、その意味を保ってきた。例えば、従来の社会学的調査法においては、質的研究は、データを多く集め統計的な手法で分析する「量的研究」に対する「個別事例的な研究」として位置づけられた。そして、それによって、質的研究は、「量的研究」や「統計的研究」に対する残余的カテゴリーにおかれた。そこでは、様々な異質な研究が、「量的でないもの」「統計的ではないもの」として集められ、質的という共通のレッテルを貼られることになった。そのような状況では、質的研究に共通する研究課題や方法論的課題を見つけ出す試みには、大きな力が注がれなかった。なぜならそれはすでに、「量的でない」ということでの共通性をもってしまっていたからである。

　しかし、現在の「質的研究」は、大きく変わってきている。それは、「質的研究」に様々な領域で様々な方法でアプローチする研究者たちに、共通した研究の課題や方法論的課題が生まれたからである。様々な分野の研究者たちが、単に個々の現象を見ただけではわからない、定型性や定常性が、現象を集め、それを詳細にみることで発見できることに気づいていった。だが、同時に、様々な分野の研究者たちが、集められた個々の現象が、それぞれのおかれた状況と深く結びついており、それを単に数値的に処理する

iii

だけではその現象の性格自体を見失ってしまうということにも気づいていった。研究者たちは、集められた現象のなかに定型性や定常性を発見するという研究課題と、それをどう発見し状況依存性の問題についてどう考えるかという方法論的な課題をもつことになった。これによって、質的研究は、固有の研究課題と方法論的な課題をもつことになったのである。

　エスノメソドロジー、会話分析、相互行為分析、言説分析、グラウンデッド・セオリー、構築主義、質的心理学、ナラティヴ・アプローチという、現代の質的研究の方法は、みな質的研究に固有の研究課題と方法論的な課題を共有している。

　こうした現在の質的研究は、次の3つの特徴を持っている。第1の特徴は、人々が生きて生活している現場の文脈や状況の重視である。第2の特徴は、ことばと結びついた相互行為の仕組み自体を明らかにしようとする点である。第3の特徴は、それによって、従来の質的研究を担っていた社会科学者と、現代社会におけるコミュニケーションや相互行為の質の問題に関心をもつ医療・ケア・教育の現場の実践的専門家や、インタラクション支援システムを設計する情報工学者との新たな連携が生まれた点である。

　このシリーズは、2000年代になってから学問横断的に勃興してきた「質的研究の新時代」に呼応したものである。しかし同時に、この質的社会研究シリーズでは、様々な現場の状況に深く切り込む、モノグラフ的研究も取り上げてゆきたいと思う。そうした個別状況に切り込む研究がなければ、それぞれの現実や状況がどのように互いに対応しているかを見るすべがないからである。それぞれの状況を詳細にかつ深く知ることによってはじめて、それぞれの状況の固有性と、それぞれの状況を越えた定型性を発見することができるのである。

　このシリーズでは、具体的な状況に深く切り込みながらも、現代の質的研究の方法論的課題に取り組んだ研究を、特に取り上げてゆきたい。

シリーズ編者を代表して　山﨑敬一

目次

まえがき・・・ I

　初発の関心から相互行為研究へ　・・・・・・・・・・・・・・・・・・・・・・・・・・・・・・ I

　本書の構成　・・ 7

序章　障害と教育の現在・・・・・・・・・・・・・・・・・・・・・・・・・・・・・・・・・・・・・ II

　第1節　発達障害をめぐる今日的状況・・・・・・・・・・・・・・・・・・・・・・・・・ II

　　1-1　特殊教育から特別支援教育への転換　・・・・・・・・・・・・・・・・・・・ II

　　1-2　発達障害をめぐる「語られ方」・・・・・・・・・・・・・・・・・・・・・・・・・ 13

　第2節　教育の医療化と脳科学の知・・・・・・・・・・・・・・・・・・・・・・・・・・・ 15

　　2-1　教育における医療化の進行　・・・・・・・・・・・・・・・・・・・・・・・・・・ 15

　　2-2　教育に流入する脳科学の知　・・・・・・・・・・・・・・・・・・・・・・・・・・ 17

　第3節　「相互行為のなか」にある障害の探究にむけて　・・・・・・・・・・・ 19

　　3-1　本書が対象とする「発達障害」・・・・・・・・・・・・・・・・・・・・・・・・・ 19

　　3-2　相互行為の観察　・・・・・・・・・・・・・・・・・・・・・・・・・・・・・・・・・・ 20

第1章　障害と教育への視点　・・・・・・・・・・・・・・・・・・・・・・・・・・・・・・・・ 27

　第1節　障害学・社会構築主義・エスノメソドロジー・・・・・・・・・・・・・・ 27

　　1-1　障害学における社会モデルと本書との関係　・・・・・・・・・・・・・・ 27

　　1-2　社会構築主義の視点　・・・・・・・・・・・・・・・・・・・・・・・・・・・・・・ 3I

　　1-3　エスノメソドロジーの視点　・・・・・・・・・・・・・・・・・・・・・・・・・・ 33

　　1-4　本書を通底する3つの視点　・・・・・・・・・・・・・・・・・・・・・・・・・・ 39

　第2節　質的調査法を通して――映像データ分析を中心に・・・・・・・・・・・ 40

　　2-1　映像データ分析の特性　・・・・・・・・・・・・・・・・・・・・・・・・・・・・ 4I

　　2-2　障害児教育研究における映像データ分析の意義①　・・・・・・・・・・・ 4I

v

2-3	障害児教育研究における映像データ分析の意義② …………	43
2-4	エスノグラフィーの実践 …………………………………	45
2-5	データにおける「恣意性批判」について……………………	46

第3節　調査概要とトランスクリプトの凡例および補足……………… 48

3-1	調査概要 ……………………………………………………	48
3-2	トランスクリプトの凡例および補足 ………………………	50

第2章　自閉症児の言語獲得をめぐる相互行為系列…………… 57
──療育実践場面の分析を通して──

第1節　はじめに……………………………………………………… 57

第2節　療育施設の紹介と IRQAE 系列 ………………………………… 60

2-1	療育施設の紹介 ……………………………………………	60
2-2	IRE 系列から見た IRQAE 系列…………………………………	60

第3節　繰り返される IRQAE 系列 ……………………………………… 63

3-1	検討場面の説明と提示 ……………………………………	63
3-2	IRQAE 系列における失敗──参照される理解力 …………	67
3-3	療育者の失敗──「環境」の問題性と相互行為における齟齬 ……………	70
3-4	IRQAE 系列の協働的な達成──「失敗」から「完了」へ …………	73

第4節　「できる」の追求に見る「できなさ」の強調と将来的な発達可能性‥ 76

第3章　〈障害児であること〉の相互行為形式 ………………… 81
──能力の帰属をめぐる教育可能性の産出──

第1節　はじめに……………………………………………………… 81

第2節　相互行為形式への着目……………………………………… 81

2-1	相互行為形式のあり方に見い出される〈障害児〉…………	81
2-2	障害カテゴリーをめぐる相互行為形式 ……………………	83

第3節　教師たちの記述実践と〈教師であること〉を行うこと ……… 86

3-1	場面の紹介と着眼点の提示 ………………………………	86
3-2	【場面1】の検討 ……………………………………………	86

目　　次

　　　3-3　【場面2】の検討 ………………………………………………… 92

　第4節　おわりに——個人的現実を想定する形式の操作的な達成 ……… 97

第4章　児童間相互行為における非対称性の組織化 ……………… 103
　　　　　　——メンバー性の確認作業をめぐって——

　第1節　はじめに …………………………………………………………… 103

　第2節　児童間相互行為の分析 ………………………………………… 105

　　　2-1　視線と反応 ……………………………………………………… 105

　　　2-2　「授業」という枠組みへの参加 ……………………………… 110

　　　2-3　非対称性への視点 ……………………………………………… 112

　　　2-4　メンバー性の確認作業 ………………………………………… 113

　第3節　相互行為の非対称性と障害の多層性 ………………………… 118

第5章　ADHD 児の問題行動と服薬をめぐるエスノグラフィー …… 121
　　　　　　——学校において服薬の効果が妥当性のあるものとして構成されるしくみ

　第1節　はじめに …………………………………………………………… 121

　第2節　ADHD の基本的特徴と治療薬 ………………………………… 122

　　　2-1　ADHD の基本的特徴 ………………………………………… 122

　　　2-2　治療薬の認可の経緯と処方の増加 ………………………… 123

　　　2-3　本章の関心 ……………………………………………………… 124

　第3節　分析に先立つ情報 ……………………………………………… 125

　　　3-1　対象となる児童の「ADHD の診断」と「薬」をめぐる生育歴 …………… 125

　　　3-2　〈薬によって不注意、多動性、衝動性が抑えられる〉という認識の前提 ……… 127

　第4節　学校における薬カテゴリーの運用 …………………………… 129

　　　4-1　問題行動の可視化とフィールドノート ……………………… 129

　　　4-2　解釈のドキュメンタリーメソッド …………………………… 133

　　　4-3　「問題行動」への「対応」としてのFタイプとCタイプ …………… 135

　　　4-4　Cタイプの連続としての薬カテゴリーの運用 ……………… 137

　　　4-5　FN［1］から［4］を通してなされる「薬」をめぐる現実の構成 ………… 140

vii

第5節 〈薬によって不注意、多動性、衝動性が抑えられる〉という認識が
　　　学校において妥当性のあるものとして構成される「しくみ」‥‥ 141
第6節 補節──ワタルと「薬」をめぐる校長の発言とその後の展開 ‥‥‥ 144

補章　ワタルの「できなさ」をめぐる短い考察 ‥‥‥‥‥‥‥‥‥ 149
第1節 ワタルとスイミングスクール ‥‥‥‥‥‥‥‥‥‥‥‥‥‥ 150
第2節 レッスン中のワタル ‥‥‥‥‥‥‥‥‥‥‥‥‥‥‥‥‥‥ 151
　　2-1　ボール拾い ‥‥‥‥‥‥‥‥‥‥‥‥‥‥‥‥‥‥‥‥‥ 151
　　2-2　バタ足の練習 ‥‥‥‥‥‥‥‥‥‥‥‥‥‥‥‥‥‥‥‥ 152
　　2-3　背泳ぎの練習 ‥‥‥‥‥‥‥‥‥‥‥‥‥‥‥‥‥‥‥‥ 153
第3節 ワタルのふるまいをどう観るか ‥‥‥‥‥‥‥‥‥‥‥‥‥ 155
第4節 スイミングスクールでのワタルと小学校の水泳の授業でのワタル ‥‥ 158

終章　発達障害の教育社会学 ‥‥‥‥‥‥‥‥‥‥‥‥‥‥‥‥‥ 161
第1節 経験的研究の概括 ‥‥‥‥‥‥‥‥‥‥‥‥‥‥‥‥‥‥‥ 161
第2節 経験的研究からの示唆 ‥‥‥‥‥‥‥‥‥‥‥‥‥‥‥‥‥ 164
　　2-1　背景化される構造的制約と非対称的な相互行為 ‥‥‥‥‥‥ 164
　　2-2　つながりをつくり出す作業と障害の帰属 ‥‥‥‥‥‥‥‥‥ 165
　　2-2　発達障害カテゴリーのあいまいさ ‥‥‥‥‥‥‥‥‥‥‥‥ 166
第3節 「発達障害の教育社会学」としてのさらなる展開可能性 ‥‥‥‥ 168

引用文献 ‥‥‥‥‥‥‥‥‥‥‥‥‥‥‥‥‥‥‥‥‥‥‥‥‥‥ 173

初出一覧 ‥‥‥‥‥‥‥‥‥‥‥‥‥‥‥‥‥‥‥‥‥‥‥‥‥‥ 182

あとがき ‥‥‥‥‥‥‥‥‥‥‥‥‥‥‥‥‥‥‥‥‥‥‥‥‥‥ 183

索引 ‥‥‥‥‥‥‥‥‥‥‥‥‥‥‥‥‥‥‥‥‥‥‥‥‥‥‥‥ 187

まえがき

────────────────────── 初発の関心から相互行為研究へ

　小学校時代、私には「A」という「幼なじみ」がいて、通学班もクラスも一緒だった。Aは大変内気な一人っ子であって、Aの母親は何かにつけ私にAのことを「よろしくね」と言ってくる。実をいえば、特に私はAと親しくしたいとは思っていなかったが、Aの母親からの依頼を断ることもなく、毎日共に登下校をしていた。「仲の良さ」という点からすると、「幼なじみ」とは名ばかりであり、当時の私は、どちらかというとAの「お世話係」として自分を捉えていたように思う。

　そのAがある時からノートに文字が書けないという。厳密には書いているのだが、今にも消え入りそうな薄く弱々しい文字が、ノートの升目を無視して大胆に並んでいる。Aは「どんくさい」子であったけれど、文字だけはピカイチに上手かった。そのAの文字が、あり得ないほどに乱れている。それと同時にAは、まっすぐに歩かない。上半身を右に傾け、よぼよぼした足取りで休み時間にトイレへ行く。そしてもともと近視であったが、度々「目が見えない」と訴える。当時私たちの担任教師は、Aに生じた一連の変化について、クラスに向けて次のように説明した。

　　「Aちゃんちにはーこないだ妹が生まれたんです。それでお母さんをとられたような気持ちになって、Aちゃんが赤ちゃんに戻っちゃってるんです。だから、みんなAちゃんが字が書けなかったり、まっすぐに歩いていなくても、心配して声かけたりしないでね。Aちゃんのお母さんともお話ししたのですが、目が見えないというのもみんなの気を引こうとしてやってるんです。」

私とＡは当時小学校4年生である。実はこの少し前に、私にも歳の離れた弟が生まれたが「赤ちゃん返り」など思いもよらなかった自分と比較して、そのような担任教師の説明は私には──「疑問」ではなく──「新鮮」に感じた。言葉にするならば、「Ａならそういうこともあるかもな」程度の認識であろうか。だがその後、Ａはますます文字が書けなくなり、ほぼノートは毎時間白紙のままとなり、歩き方も誰から見てもまっすぐには歩けないようになっていった。

　Ａの様子を間近に見てきた者として、実は私にはＡが完全に嘘を言っているようにも思えなかった。だが、「お世話係」として自分を捉えていた私にとって、日々は何となく過ぎていく。そして、ある日の下校時、通学路の車通りの激しい道路を渡ろうと私がＡの手を引いた時に、普段消え入りそうな声でしか話さないＡが大きな声で、私にいう。

　「真紀ちゃん、私はほんとーに目が見えないんだよぉー。」

　私はこの時、本当にＡは目が見えないのではないかと感じたことを鮮明に覚えている。だが、私の記憶をたどるならば、その時私がＡに返した言葉はこうだ。

　「違うでしょ、だって先生違うって言ってたよ。」

　当時の私にとって、Ａと担任教師の言葉の「重み」を比較するならば、それは間違いなく──自分のなかで生じた「疑念」はＡ寄りであったとしても──教師の方に置かれていた。この日、私たちがどのようにして自宅まで帰ったかは覚えていない。だが、数日後からＡは欠席が続き、ある日の帰りの会で担任から次のような話があった。

　「Ａちゃん、目が見えないって言って、字が書けなかったり、まっすぐ歩けなかったりしたでしょ。お医者さんに行ったら、実は脳に腫瘍ができて

いて、それが目の神経を圧迫してほとんど目が見えていなかったみたいなの。今度その腫瘍をとる手術があって、すごく偉い大学病院のお医者さんがやってくれるそうです。でも視力は完全には戻らなくて、もしかしたら、そのまま盲学校に転校になるかもしれません。でも今は、皆でＡちゃんにがんばれってお手紙を書きましょう。」

そして私はその後担任教師から呼ばれ、次のような言葉をかけられる。

「お医者さんが、Ａちゃんの視力では交通事故に合わなかったことが奇跡だったと言っていたそうです。鶴田さんが毎日登下校を一緒にしてくれたからだね。ありがとう。」

このことは間違いなく私の「学校経験」として、また「障害経験」として大きすぎるエピソードであった。「文字が書けない」、「まっすぐに歩けない」という行動が、「赤ちゃん返り」と「嘘」という言葉でもって「問題行動」として同定され、それが医療の介入によって「真実」が判明した途端に「障害ゆえの困難」として位置づけられる。クラス内では、Ａに手紙を書き、千羽鶴折りも始まった。全体に「なじむ」ように振る舞うのが得意な当時の私は、おそらく手紙も書いただろうし、千羽鶴折りにも参加していたのではないかと思う。だが、いまいち記憶が定かではない。むしろ、このときの私が覚えていることは、Ａに対する教師や級友たちの対応の仕方のあまりのギャップであった。すなわち、前日まで「問題児」だったＡは、教師の説明を境に翌日には見事なまでに「障害児」になっていったのである。それが不思議でならなかったのだ。教師がＡのふるまいをどのように意味づけるかによって、周囲の異なる対応が引き出される。もちろん、当時の私にこの時のことを語らせたとしても、このような言い方ではなかったと思う。だが記憶にあるのは、とにかくＡの「障害」は医師の診断とは別のところにある、という想いだった。端的に述べるならば、人は「障害児（者）になるのだ」。記憶をひもとくのであれば、このとき私はこ

のように思っていた。

　その後の私にとって、Ａをめぐる経験は、苦々しい記憶を伴う苦しい過去となり、やがて葛藤と歳月を経るなかで研究者としての私の「初発の関心」となった。その過程で、私が関心を向ける「障害」も、必ずしもＡと同じ「盲」のみではなく、自閉症をはじめとしたいわゆる「発達障害」という脳のなかにある「障害」へと移行していった。それでもなお、本書の根底には、Ａがいる。すなわち、本書の根底には、まずはＡをめぐる「障害」の経験があり、その上に研究者としての私がその後携わったいくつかのフィールドワークを通して得た——社会学的方法論に一定程度裏付けられた——次のような直観的理解が存在している。

　一般的には、「障害」は個人の身体に内在するものとして、医学的な知のあり方で定義される。「発達障害」であればとりわけ個人の脳に帰属され、「発達障害」とそれゆえの「問題行動」が見い出されるとき、医学的にはその両者の間を「脳機能」が媒介する。それは活動低下であるにせよ過活動であるにせよ、健常者との比較において有徴性をおびた脳機能の問題である。しかしながら、日常生活においては、人びとはそのような医学的な知のもとで「障害」を経験しているわけではない。学校で特定の児童生徒に「障害」や (それゆえの)「問題行動」が帰属されるとき、私がフィールドで出会ったいずれの教師も誰１人として、脳機能のデータを必要とすることもなければ、診断マニュアルをそのつど照会することもしなかった。もちろん、ここでそれらの教師が特別だったのだと主張したいわけではない。私が出会っていない、その他大勢の教師もまた、児童生徒の脳機能のデータや診断マニュアルを常に参照して、特定の行動について判断をくだしているとはとうてい思えない。たとえ、「脳波の乱れ」といった医学的説明を行う教師がいたとしても、それはあくまでも、「なぜその児童生徒は問題行動をするのか」という問いに対して原因を帰属する語彙の１つとして語られるのであって、帰属するという行為に常に付随せねばならない決定的な何かであるというわけではないのだ。もちろんだからといって、「障害」を記述し、同定し、帰属するという教師の行為はいい加減に行われているの

ではなく、その場の文脈からおそらく「適切」である。学校で「障害」を帰属する実践の多くは教師によって行われるかもしれないが、「障害」を帰属しようとする児童生徒がいたとすれば、それは彼らの実践にもあてはまる。私は、教師やこれら児童生徒などの「参与者」が、学校という場において「障害」を「適切なもの」として可視化し、社会的に組織化させていく実践があり、そのような実践を詳細に検討することによって、その細部に宿る秩序性や規則性に接近できるのではないかと考えたのである。

　さらにいえば、そのような参与者の実践に関心を抱くということは、「特別支援教育」を社会学的な分析の対象として位置づけるということでもあった。次章で改めて述べるが、特殊教育から特別支援教育への転換の社会的背景には、「教室のなかに発達障害のある子がいる」、そして「そのような子どもたちが増えている」という認識が存在していた。もちろん、学校における「発達障害」の「同定」や「障害と結びつく問題行動」の「発見」は、安易に行われるべきではなく何らかの医学的・心理学的な基準を頼りに常に反省的になされるべきだと考えられている。しかしながら、「問題児」や「困った子」として教師による指導の対象であったとしても、これまで通常学級のなかで「健常児」として生きてきた児童生徒が、医師の診断や教師の見立てによって「発達障害」というカテゴリーを与えられ、今度は同じ通常学級のなかで「特別な支援」の対象となる「障害児」として見い出されるように「なった」のである。たしかに、「発達障害」というラベルは、ある意味では子どもたちを救済するよう機能しているといえるのかもしれない。ある時は「問題児」としてあからさまに排除しようとする場の力学から「障害」という名の薄い庇護膜をはって彼らを守り、またある時は「自分は他とは違う」と悩み苦しむ子どもに新たなアイデンティティを与える。それは、Aのように「赤ちゃん返り」とみなされたままでいるよりは、よほど良い場合もあるのかもしれない。しかしながら、そのような「発達障害」というラベルの「救済機能」は、子ども時代を超えて一生涯を「障害者」として過ごさせることによって、ある人物のライフコースを規定する場合もあるのかもしれない。

「発達障害」とは、実に適用可能性が高い言葉なのである。子どもの「問題行動」に対して「発達障害」という言葉を持ち出せば、「もっともらしい」説明を与えた気になることができる。それは「発達障害」が科学的で、客観的で、専門的な言葉として人びとの間に定着しているのみならず、その「特性」から「対応法」までセットとなっているために、子どもの「問題行動」に悩む教師たちに問題解決に向けて進むべき方向性を示してくれるからである。しかしながら、同時に、その適用可能性の高さが「仇」ともなる。つまり、「発達障害」とは他者を理解したいという思いに支えられて適用される一方で、「発達障害」という説明様式をあてはめた途端に、あるパターン化された知に絡めとられるかのように思考停止に陥る。「○○障害」には「○○という対応をするとよい」という没個性に陥りやすい「発達障害」の知は、それ以外の追従を許さない閉鎖的な知になりやすい（田中2011: 30）。一方で、私がフィールドで出会った多くの教師は、「障害」のある児童生徒と真摯に向き合い、彼らが抱える困難に対して個別的な配慮をし、教育的支援を行おうとする。そのような行為は、「教師」というカテゴリーを担う者に割り振られた職業上の「責務」によって可能となるといえるであろうが、むしろ教師たちのリアリティとしては、個別具体的な児童生徒一人一人に向けた「善意」からなされるものであるように感じられる。しかしながら、善意から行われるさまざまな教育的支援が、必ずしも児童生徒当事者にとって「良い」結果を生み出すとは限らない。むしろ、支援を行おうとするそのような特徴的な相互行為のあり方が、教室内において「障害」を立ち現わせる。いいかえれば、「支援」が「障害」を構成する。つまり、「障害のある児童生徒に教育的支援を行う」という実践は、実はそれほど単純なものではないように思われたのである。

本書は、「発達障害」が教育に関わる人びとの相互行為を通して、まさにそのようなものとして可視化され、構成されるあり様を明らかにしようと試みる。しかしながら、「障害が構成される」ということそれ自体を、直ちに批判の対象として位置づけているわけではない。むしろ、そうした判断をひとまず留保した上で、本書が問うのは、「障害」がまさしくそのような

ものとして構成されるとすれば、それはどのような場や状況においてであり、そしてどのような相互行為を通してであるのかということである。本書の関心は、そうした試みを通して、「障害」を個人の心身の問題へと還元するのでなく、場の組織化のあり方や参与者が相互行為を進行させるやり方の問題として捉えなおすことにある。

　上述の関心に基づき本書は開始されるが、その前に、Aについて脳腫瘍や診断のみで「障害」や「障害者になる」という事態を捉えきることに違和感を抱き「障害は別のところにある」と考えた当時の私に、ひとまず次のように応えておきたい。Aの「障害」は、脳や診断のなかにではなく、教師や私を含めた級友たちが、教室という —— 当時の私たちにとっては世界の大半であった —— 場で、Aについて、あるいはA自身とやりとりをかわす一連の過程のなかにあったのだ。そうしたやりとりを通して、Aは「障害者」として立ち現れ、「障害者になった」のだ。さらにより明確に本書の関心にひきつけて応えようとするならば、障害はある人物を「障害者」として、またある人物の行為を「障害」としてみなすことが適切であると考えられるような社会的文化的特性を備えたその場の状況のなかに、あるいはまさしくそのようなものとしてなしとげられた相互行為のなかにある。

—————————————————————————— **本書の構成**

　本書は次のように構成される。序章では、発達障害をめぐる教育の今日的状況を述べた上で、教育の医療化を推し進める〈知〉として、脳科学研究の進展について述べる。その上でそのような研究とは異なるものとして「相互行為への着目」という本書の視点を提示する。第1章では、序章の最後で述べる本書の視点を、まず、障害学、社会構築主義、エスノメソドロジーといったそれぞれの視点に言及しながら詳述する。その上で、本書で主に用いられる方法論として、映像データ分析を中心に述べる。

　第2章以降は、「障害」を観察可能とさせる相互行為がどのように編成されているのかを具体的データをもとに明らかにしていく。第2章のみ療育

施設における場面であるが、第3章以降は「養護学校」、「通常学級」等の相違はあるが、学校と関連する場面を対象とする。詳細は各章に委ねたいが、第2章の療育場面では、徹底的に「障害」に焦点化し、その克服を求めようとする「障害の個人モデル」(第1章を参照) さながらの実践が展開される。療育場面の分析を通して明らかとなった相互行為系列が、「療育」という場に特有な形で「障害」を観察可能とさせていることを明らかにする。第3章では、当時の教育制度下では「養護学校」であった小学部2年生の授業場面を分析する。そこで問われるのは、「<障害児であること>はいかなる相互行為形式においてなしとげられているのだろうか」という問いである。そして、そのような相互行為形式の達成が障害のある児童の教育可能性への期待と結びついていることを論じる。

　第2章、第3章では、その場の実践に埋め込まれた特有の相互行為形式を明らかにしているが、そのような相互行為形式の達成は、その場の人びとがいかなるカテゴリーの担い手として参与しているかに関わっている。その意味では、第2章、第3章において焦点をあてたのは、「療育者と療育児」、「教師と児童」という「大人と子ども」というカテゴリーと関連する担い手であった。一方、第4章では「児童間」の相互行為に主に焦点をあてる。そこでは、「障害」をめぐる相互行為を通して、児童間のメンバー性の確認作業が行われている。しかしながら、同時に「障害」というこの2文字では回収しきれないさまざまな経験世界——「障害の多層性」——が参与者の間に広がっている可能性に接近しようとするが、それは「発達障害」というカテゴリーの運用のされ方に対する志向性とも関わっている。

　第5章は、序章で論じる「教育の医療化」とも関連している。つまり、実際の教育現場において、教師たちが児童の「問題行動」を解釈する際にどのように医療的な「知」を用いているのかに焦点をあてる。また、補章では、第5章を引き継ぐ形で同じ児童の「できなさ」について若干の考察を行う。第2章から第4章が映像データ分析であるのに対して、第5章と補章はエスノグラフィー研究として展開されるが、その関心はそれまでの各章同様に、相互行為における障害の可視化——「障害」の観察可能性と

社会的組織化のあり方——にある。このような展開を経て、「発達障害」が観察可能となる相互行為の一端に迫り、「障害」と「教育」をめぐる人びとの営みを読み解くことを通して、終章では本書における「発達障害」をめぐる教育実践に関する総括的知見を提供することにしたい[1]。

注
1 　最後に表記について述べておきたい。「障害」や「発達障害」、「問題行動」という言葉を鉤括弧「 」でくくっている場合、それらの用語を実体的に捉えているのではなく「構成（達成）されたもの」として捉えていることを示す。そのような捉え方は本書の基本認識であるが、もともと全体として鉤括弧の使用が多いこともあり、読み手にとって煩雑であるように思う。そのため、次章以降では、それらの用語の表記に関しては、原則的には鉤括弧を外すことにしたい。

序章
発達障害と教育の現在

　本章では、発達障害と教育をめぐる「現在」を複数の観点から論じる。まず、特別支援教育制度や近年の発達障害についての語られ方という観点から論じ（第1節）、次に、教育の領域における医療化の進行（以下、「教育の医療化」とする）と脳科学研究の進展（およびその知識の教育への流入）という観点から論じる（第2節）。その上で、すでに言及してもいるが、次章以降へとつながる本書の視点について改めて述べることにしたい（第3節）。

―――――――――――――――― 第1節　発達障害をめぐる今日的状況

1-1　特殊教育から特別支援教育への転換
　2003年、文部科学省による「今後の特別支援教育の在り方について（最終報告）」において、特殊教育から特別支援教育への転換が図られた。その後2007年の改正学校教育法の施行によって特別支援教育体制は開始となるが、特別支援教育とは「障害のある児童生徒一人一人の教育的ニーズに応じて適切な教育的支援を行う」ものと定義される。それ以前の特殊教育では、障害の種類や程度に応じて、盲・聾・養護学校や特殊学級といった「特別の場」で指導が行われていた。それを特別支援教育では「教育の場にとらわれず」、対象となる児童生徒を障害種別や程度によって一律に理解するのではなく、一人一人に合わせた「個別のニーズ」を把握するように変更したのである。これは障害児教育政策における大きな変更であったわけだが、何よりこのような変更にはそれまで特殊教育の対象とされなかった障害が特別支援教育では新たに対象として位置づけられたことが大きく

関わっている。すなわち、それまで特殊教育体制下では想定されていなかった LD、ADHD、高機能自閉症といった発達障害がそれまでとは質的に異なる「新たな障害」として位置づけられ、特別支援教育の対象とされたのであった。

この背景として、2003 年の「最終報告」のなかで公表された教師に対するアンケート調査結果（「通常の学級に在籍する特別な教育的支援を必要とする児童生徒に関する全国実態調査」）が政策的にも影響力をもったとされる。もちろん、このようなアンケート調査を実施する時点で、特別支援教育への転換という政策的な方向性は定まっていたといえるかもしれない。しかしながら、いずれにせよそのなかで（知的発達に遅れはないものの）「学習面か行動面で著しい困難を示す」と担任教師が回答した児童生徒の割合が「6.3 ％」と公表されたのである。彼らは特殊教育下では対象外であるがゆえに何の「恩恵」もうけてこなかった。だからこそ、特別支援教育への転換を図り、「通常学級にいる発達障害児」へ支援を行うことが新たに「緊急を要する課題」であると位置づけられたのである[1]。

この点に関して、J. I. キツセと A. V. シコレルによる社会構築主義の立場からの公式統計に関する次の指摘はきわめて重要である。すなわち、「逸脱行為の発生率とは、何らかの行為を逸脱として定義し、分類し、記録する社会組織に属する人びとの諸行為によって生み出されるものである」(Kitsuse & Cicourel 1963: 135)。この観点から上述の調査結果を詳細に論じることは本書の範囲を超えているが、誰もが容易に指摘可能と思われる次の点のみを述べておくことにしたい。それは、統計に基づく調査結果とは、いかなることを示している「資料」であるのかという点である。まず、作成された質問項目とは調査者側が LD、ADHD、高機能自閉症をどのように理解しているかを示す資料であり、質問項目の作成という行為自体に調査者の結果に対する統制性が発揮される。そして、回答者が担任教師であるという点に着目するならば、「6.3 ％」という数値は次のことを示している。すなわち、学習面や行動面に関する質問項目に対して何らかの困難を抱えている児童生徒がクラスに在籍していると回答した教師が一定

数存在し、かつそれらの児童生徒が単なる「勉強嫌い」なわけでも「わが
まま」でもなく、「LD、ADHD、高機能自閉症」であると教師がまなざし
ているということを示している資料である。2007年の最終報告では、「そ
の調査の方法が医師等の診断を経たものでないので、直ちにこれらの障害
と判断することはできない」と留保が付けられてはいる。だが、「約6％の
割合で問題児が通常学級に在籍している可能性」を示す調査結果は、「LD、
ADHD、高機能自閉症等の発達障害を有する児童生徒が各通常学級にか
なりの割合で在籍している」ことの証左へと転換され、そのような児童生
徒への教育的対応を学校教育における「緊急の／喫緊の課題」として位置
づける強固なレトリックとして、その後の支援体制の展開に大きな影響を
与えていったのである[2]。

1-2 発達障害をめぐる「語られ方」

　教育的対応が「緊急の」そして「喫緊の」課題であるということは、どの
ような問題として発達障害を語るのかということと密接に関わっている。
それは前述した特殊教育から特別支援教育への転換との関連で述べるので
あれば、障害児教育政策における大きな変更を正当化するための「根拠」
として発達障害が持ち出され、語られたといえるであろう。しかしながら、
発達障害に関しては「支援が課題である」ことを正当化する——いいかえ
れば、発達障害がどうして問題であるのかを主張する——さらなる語られ
方が見い出せる。

　第1には、少年犯罪との関連で発達障害を用いる語られ方である。
1997年の神戸連続児童殺傷事件、2000年の豊川主婦殺害事件、2003年
の長崎男児誘拐殺傷事件、2004年の佐世保同級生殺害事件というこれら
の事件は、少年が引き起こした凶悪犯罪としてメディアで大きく報道され
たものである。それらのいずれにおいても加害少年に発達障害との関連性
が取りざたされ、「発達障害が少年犯罪の引き金になる」という理解が世間
に広まる契機となった[3]。

　第2には、「いじめ」や「不登校」といった教育問題との関連で発達障害

を用いる語られ方である。たとえば、2005年に文部科学省が発表した答申では、LD・ADHD・高機能自閉症等によって、「いじめ」の対象となったり「不適応」を起こしたりする場合があり、それが「不登校」につながる可能性について言及しており（文部科学省 2005: 5-6）、また2010年に発表された生徒指導提要においても、発達障害が児童生徒の「不適応行動」の背景としてあげられている（文部科学省 2010: 109）。提要では、発達障害が問題行動の直接的要因となることを否定してはいるが、発達障害の特性として引き起こされる失敗やつまずきの経験がさらなる「適応困難」や「不登校」、「ひきこもり」、「反社会的行動」といった問題行動を二次的に引き起こす可能性のあることが指摘されている（文部科学省 2010: 165）。

　つまり、発達障害は、少年犯罪や教育問題の潜在的な「誘発因子」であり、公の場で問題化する際の「トラブルリソース」として語られるのである。この場合、発達障害に対する教育的支援は、個別具体的な児童生徒に「障害があるから支援する」というような、単なる個人の困難に対する対応ではない。「学校全体で特別支援教育を推進することにより、いじめや不登校を未然に防止する効果も期待される」（文部科学省 2005: 6）、「（発達障害の二次的障害については）早期発見と予防的対応が肝心です」（文部科学省 2010: 173）、「早期の気付きと適切な援助により、発達障害のある児童生徒の非行は予防することができます」（文部科学省 2010: 180）という記述に示されるように、「問題を予防するために支援する」のである。

　しかしながら、発達障害は、教育問題や青少年問題の未然防止を目的として支援されるばかりではない。端的に「障害それ自体が問題であるから支援する」（むしろこちらの側面の方が実際の教育現場では教師の実感に近いであろう）。たしかに、「落ち着きがない」、「授業中に勝手に歩き回る」といった行動が発達障害の特性として理解され、円滑な学級経営や授業運営を阻害する要因として語られる。その意味で、学校にとって、また教師にとって、発達障害児は「困った子」である。しかしながらその一方で、発達障害に関しては、そのような児童生徒を「困った子」ではなく、問題行動や不適応行動は何より本人が「困っている」ことの訴えなのだと捉え、「困っ

序章　障害と教育の現在

ている子」として理解しようという実践が登場している（大和久編 2006; 湯浅編 2008）。これが発達障害におけるもう1つの語られ方である。すなわち、「困った子」ではなく「困っている子」として発達障害（児）が語られるのである。この観点から発達障害児に対する支援は、「困り感に寄り添う」ことが目指される（佐藤 2004）。

　つまりは、発達障害児は故意に教師を困らせているわけではなく、何より本人が一番「困っている」。このような語りの下、そうであるからこそ発達障害児に対して「指導」という表現はなじまない。個の「教育的ニーズ」が見い出され、それに応じた「教育的配慮」と「教育的支援」がもたらされるのである。「教育的ニーズ」に対する「教育的支援」と「特別な配慮」、そしてその際の基本的認識として児童生徒の「困り感に寄り添う」というように、障害のある児童生徒に対して用いられる言葉は、よりやわらかく、よりソフトなものが採用されるようになりつつある[4]。しかしながら、その一方で、このような教育的支援や配慮のあり方は、多くの場合は「健常者」である教師が、「障害者」のあり様を、特定のベクトルに向けていく作用を有しているのである（金澤 2013: 19）。

第2節　教育の医療化と脳科学の知

2-1　教育における医療化の進行

　上述した特別支援教育への転換や発達障害をめぐる語られ方とも関連していると考えられるのが、1990年代から教育の領域において進行していると指摘される「医療化」現象である（木村 2015; 他）。医療化とは、従来は医療の対象とみなされていなかった現象が医療の対象として扱われるようになることを指すが（Conrad & Schneider 1992=2003）[5]、発達障害もまた、医療化という観点から理解可能な現象の1つである。ADHDを例にしても、「落ち着きがない」、「忘れ物が多い」、「順番が待てない」といった問題が有徴化される場合、かつては教師による指導や家庭におけるしつけ

15

の問題として非医療的に理解され対応されてきた事柄が、今やそれぞれが「ADHD」による「多動性」、「注意欠陥性」、「衝動性」であるとして「治療」の対象となり、薬物療法が検討される。このように、ある問題の定義・理解に医療的枠組みが適用され、それに対処するために医療的介入が採用される時、医療化は生起する (Conrad & Schneider 1992=2003)。

　教育の医療化は、特別支援体制への転換と相乗効果をなすかのように、子どもの逸脱行動や不適応行動に医療的な解釈をもたらし、発達障害というカテゴリーを学校内に流通させた。それは児童精神医学における「発達障害ブーム」(小倉 2006) の1つの局面として表現されることさえある[6]。教育の医療化によって、子どもの問題行動を説明する上で「発達障害」という利便性の高い語彙が新たに追加されたのである。しかしながら、ここで着目すべきは、むしろその帰結である。実際、P. コンラッドと J. W. シュナイダーは逸脱の医療化がもたらす社会的帰結として、5つの「明るい側面」と7つの「暗い側面」をあげているが (Conrad & Schneider 1992=2003: 465-477)、下記では彼らの諸帰結に関する議論の基底にあると理解される (進藤 2006: 34-35)、T. パーソンズによる「病人役割 (sick role)」を概観したい。

　病人役割は、社会システムの維持という観点から病人に対してわりあてられた制度化された期待体系のことを指すが、パーソンズによればそれには次の4つの側面がある (Parsons 1951 = 1974: 432-433)。

①正常な社会的役割の責務の免除。
②病人が「力をふるいおこして」決然たる行為や意志の所業によって健康を回復するのを要請されてはいない。つまり、病気であることは病人にとっても「それをどうしようもない」とみなされること。
③「回復」しようとする義務を伴う。
④「回復」するための専門的に有能な援助 (通常のケースでは医師の援助) を求める義務、および回復しようとする過程で医師と協力する義務を負う。

序章　障害と教育の現在

　これらの4つの役割のなかで①と②は免責としての性質をもつ責任回避の役割であるが、それは単独では成立しない。③と④の義務を履行する限りにおいて可能となる条件である。このことを発達障害に引きつけて考えるならば、発達障害というラベルが付与されることによって、それらの子どもが抱える「困難」や「できないこと」に関して、彼ら自身の「悪意」や「故意」を否定されることはもとより「責任」を担うことを免除された（彼らは「困った子」ではなくまさに支援を受けるべき「困っている子」なのである）。また、同時に発達障害というラベルは、発達障害当事者の「責任」のみでなく、保護者や教師といった周囲の人びとが負わされていた「責任」をも免除することにつながった。つまり、問題行動が「しつけ」の問題であるならば、保護者が負うべき家庭の「責任」であり、「指導」の問題であるならば、教師が負うべき学校の「責任」であるとされる。「しつけ」として家庭の責任であるのか、それとも「指導」として学校の責任であるのかというような、保護者と教師間の責任転嫁は発達障害というラベルが導入されたことによってひとまず停止され、子ども個人の発達障害こそが問題であると位置づけられたのである。このような「責任」の所在の変更とひきかえに、発達障害のある児童生徒当人は、④に示される通り医療機関との接続を求められ、そうすることで障害を軽減、もしくは克服しようと試みる義務を担うことになった。そして保護者や教師もまた、単に「責任」を免れたわけではなく、保護者は子どもに適切な医療や療育を受けさせる義務を負い、教師は「障害特性や個に配慮した支援」を行うという新たな配慮義務を担うことになったのである。つまりは、教育における医療化現象の進行は、発達障害児当事者、保護者、教師がそれぞれ担う責任と義務の帰属体系を変更させたのである[7]。

2-2　教育に流入する脳科学の知

　近年、発達障害に関してとりわけ脳科学研究が盛んに行われるようになっている。そして、「脳神経科学と人文社会系諸領域との連携」（佐倉 2011:17）という言明に示されるように、脳科学研究は本来の領域を超えてあら

ゆる他領域に影響を及ぼすようになっている (Gabriel 2012; 他)。たとえば、教育においては学習の過程を児童生徒の主観的な「心のなか」の出来事としてではなく、脳が担う本質的な機能として科学的なデータを通して可視化させ、「教育の科学化」が目指される (安藤 2011: 48)。そのような教育の科学化は、特別支援の文脈においては、生物学的な問題、医療的治療の対象として、客観的に測定可能な「障害」を出現させた。これは、単に「障害がある」ことが脳画像として「目で見てわかる」ことを可能としたということではない。教育の医療化とともに、学校という場において、医療的な対処法に基づいて「支援」を検討する段階に実際に移行しつつあるといえる[8]。医療的な観点に基づく障害の「早期発見」や「予防」や「治療」が、障害のある児童生徒への「教育的支援」の内に含まれつつあるのである。その過程で障害は徹底的に個人化されることにより、「脳」という頭蓋に囲われた心身の深部へとさらに根を降ろすようになっている。

　脳科学に基づいた新たな知は、教育へと流入するなかで純粋な学術的知識というよりも、障害を「個」に内在するものであることを前提とする教育実践をまさに「科学性」「客観性」という権威でもって背後から支えるような——それはまさに次章で述べる「障害の個人モデル」を出現させるような——ある意味でのイデオロギーとして機能する。脳科学という生物学に基づいた知は、一方で教育における医療化を推し進め、他方でそのようにして進行した医療化が、今度は教育における生物学的な知の重要性を高める。もちろん、現時点でこのように両者の連鎖的関係を明言することはできないが、「脳」と「医療」でつながる両者のあり方は、教室のなかで展開される個別具体的な教育実践のあり方——第5章で論じるように、発達障害の理解や対応に関しての医療的な知の導入——に対しても一定の影響力を有していると考えられるのである。

序章　障害と教育の現在

―――――――　第3節　「相互行為のなか」にある障害の探究にむけて

3-1　本書が対象とする「発達障害」

　「まえがき」においても述べたように、障害は「相互行為のなか」にある。もちろんこれ自体もまた「1つの観方」であるといえるだろうが、本書の立場にたてば、たとえ「実験」という「障害当事者の脳」に「客観的なものとして」障害を測定可能であるような状況下においても、それは「そのような実験を行う相互行為」において障害は立ち現れているといえる。このように述べるには、本書が対象とする発達障害について改めて明示しておく必要があるだろう。発達障害は、「発達障害者支援法」[9]やアメリカ精神医学会による「DSM（精神疾患の診断と統計マニュアル）」、あるいは、WHO（世界保健機関）による「ICD国際統計分類」において定義や診断基準が明示されているけれども、本書はある特定の法律や診断基準において定義される障害（これを便宜的に、障害の「公的定義」と呼ぶことにしたい）をその定義どおりに対象とするわけではない[10]。本書が対象とするのは、人びとが活動のなかで運用している障害カテゴリーであり、社会のメンバーである人びとにとって「頭のなかにある」と語られ、実際にそのようなものとして扱われているような、相互行為のなかにある発達障害である。

　というのも、2013年に公表されたDSM-5ではそれまで存在していた「発達障害」や「アスペルガー障害」という項目自体が消滅したわけだが[11]、だからといって人びとが他者に帰属し同定するカテゴリーとしてそれらの障害は社会のなかから消え去ったわけではない。人びとが行うやりとりにおいてそれらの障害カテゴリーは依然として運用され続けている。このことは、日常生活において人びとが用いる定義が、DSM-5という比較的近年の公的定義に追いつかずに一種のタイムラグが生じているということではない。われわれは、たとえそのような公的定義を厳密にあてはめて障害を診断しているようにみせる場面でさえ、単に障害の公的定義を適用しているわけではない。そこでは、その場に適切なように、そして少なくと

19

もその場の参与者にとって了解可能なように「障害を判断する」という実践が行われているのである。そのような障害を判断する実践において行われていることは、あくまでも障害を公的定義に照らし合わせて「正しく」診断するという外観をとった、「障害をつくりだす」という別の活動なのである。「障害の診断とはそれをつくり出すことである」と結論づけるにはこの時点ではまだ早急ではあるけれども、公的定義が存在するということと、それを実際に運用するということは必ずしもイコールで結ばれるわけではないのである。さらに述べるならば、前節で述べた「教師」と同様に、多くの人びとは公的定義とは関係なく障害を見つけだし帰属することが可能である。つまり、日常生活を生きる人びとにとって、どのような公的定義が存在しようとも、それとは別の次元で障害は帰属可能であり得る。したがって、本書では、公的定義のなかにある障害ではなく、人びとの実践のなかにある障害に着目する。その限りにおいて、「自閉症」や「ADHD」といった数々の発達障害が、人びとによって生きられたカテゴリーとして本書の射程に入ってくるのである。そしてそのような意味での発達障害が人びとのやりとりを通して組織化されるあり様を本書は読み解いていくことにしたい。

3-2　相互行為の観察

では、人びとの相互行為のなかにある発達障害をどのようにしたら捉えることができるのか。いいかえれば、どのようにすれば発達障害を相互行為のなかにあるものとして研究の俎上にのせることができるのか。DSMにおける有徴化された行動に立脚した定義も、神経生物学に代表されるような脳活動に立脚した定義も、人びとは日常の相互行為のなかで特定の人物の発達障害を同定する際に参照してはいない。そうであるならば、そのような日常生活を生きる人びとの障害の把握の仕方は「不完全」で「厳密性を欠く」ものであるから、専門家による科学的な定義を一般の人びとに向けて改訂し、それを日常の相互行為を研究対象とする際にも適用すればよいのであろうか。

序章　障害と教育の現在

　しかしながら、本書が採用するのはそのような「人びとの定義を精緻化させる」という方向性ではない。「定義の精緻化」について H. ガーフィンケルと H. サックス (1970) は次のように述べている。言語学や論理学をはじめあらゆる科学（science）はインデキシカルな表現（文脈依存的な表現）を「客観的表現」に修復すべく行われてきたが、そのような研究（彼らがいう「構築的分析」）においては次の事柄が見過ごされている。「(1) インデキシカルな表現の諸特性は、秩序だった特性であること、そして (2) それが秩序だった特性であるということは、ごくありふれたスピーチや行為が生起するすべての実際の機会において、継続的で実践的な達成であるということ」であり、エスノメソドロジー研究はそれらを例証可能な形で特定しようとするのである (Garfinkel & Sacks 1970: 340-341)。彼らの主張を本書の関心にひきつけて再度述べるならば、次のようになるだろう。

　専門家ではない人びとが日常生活において使用する発達障害という言葉や特定の人物に対する発達障害の帰属は、たしかに何らかの科学的エビデンスや定義に必ずしも基づいてはいない。しかしながら、彼らによる障害という言葉の運用の仕方や帰属の仕方は「むやみやたら」と行われているのではなく、そこには何らかの秩序や規則が観察可能なのである。そして、そのような人びとの実践を通して観察可能となる秩序や規則を（特に「学校」や「教室」という文脈と結びつけて）解明しようとすることは、「障害」と「教育」を検討する上で十分に探究可能なトピックとして位置づけることができるのである [12]。こうした研究方針の基底にあるのは、障害は実体としてあらかじめ「ある」のではなく、人びとの相互行為において「達成される」（あるいは「構成される」）ものであるという視点である [13]。つまり、障害はそれ自体としてあるわけではない。人びとが協働して「達成する」活動のなかで、まさしく障害としてわれわれの前に姿を現すのである。そして、ガーフィンケルとサックスは、人びとの「達成する」活動に「ワーク」という用語をあてているが、その観点からすると発達障害は達成という人びとのワークの帰結である。しかしながら、このような認識論的立場をとることが、当の障害という現象が（実は）存在しないということを意味するのでは

ない。J. クルターが「精神病は神話である」と主張する「反精神医療」の立場を批判したのと同様に、たしかに発達障害に関する判断は——それが専門家によるものであろうとも、一般の人びとによるものであろうとも——規範的であり、そのつどのコンテクストに依存している。だからといって、そのような判断の対象である現象が存在しないと主張することは、「現象」という概念を (直接指差しができるようなもののみを「現象」と呼ぶのように) 物象化する時のみである (Coulter 1979=1998: 228-229)。つまり、発達障害を人びとがある人物に帰属し同定する、あるいは観察可能・報告可能とする、あるいは達成というワークを行う、さまざまに表現可能なそのつどの状況に応じた活動が行われる限りにおいて、発達障害は「存在」する。本書が探究するのは、このような発達障害がそのつどの状況に応じて「存在」する際の、人びとの相互行為のあり方である。そして、「相互行為のなか」にある障害を捉え、研究の俎上にのせるには、まさにそのつどの相互行為を直接に観察することを通してなのである。

注

1　なおその後、文部科学省は再度の実態調査を実施し、2012年12月5日には「通常の学級に在籍する知的発達に遅れはないものの発達障害の可能性のある特別な教育的支援を必要とする児童生徒」がいると推定される割合を「6.5%」と公表している (文部科学省「通常の学級に在籍する発達障害の可能性のある特別な教育的支援を必要とする児童生徒に関する調査結果について」)。

2　質問項目は、大きく3つに別れており、たとえば「『聞く』『話す』『読む』『書く』『計算する』『推論する』」という項目に関しては、「聞き間違いがある」「話し合いが難しい」といった具体的質問が続く。「『不注意』『多動性－衝動性』」という項目に関しては「学校での勉強で、細かいところまで注意を払わなかったり、不注意な間違いをしたりする」という質問が続き、「『対人関係やこだわり等』」という項目に関しては「大人びている。ませている」が続く。それらの質問に関しては、0 (いいえ)、1 (多少)、2 (はい) の3段階で回答する。3つの項目には、それぞれかなりの数の質問が位置づけられている。質問項目の全体に関しては、文部科学省による「今後の特別支援教育の在り方について (最終報告)」に参考資料として掲げられている「『通常の学級に在籍する特別な教育的支援を必要とする児童生徒に関する全国実態調査』調査結果」を参照

序章　障害と教育の現在

してほしい。

3　高岡健はこれらの少年事件が、加害少年に対する個人責任化が極限にまで推し進められた結果、加害少年の障害や精神疾患に事件の直接的原因を求めようとする傾向が生じたと指摘している（高岡 2009: 27）。そのような傾向が見い出された当初は、一般の監察医に発達障害が知られていないがゆえの見落としが最大の問題とされていたが、次第に理解困難な事件の発生に対して直ちに発達障害が持ち出される過剰診断の時代へと移行していったという（高岡 2009: 104-105）。

4　また、特別支援教育の今後として「インクルーシブ教育システムの構築」（文部科学省 2012）という方針が提示され始めたなかで、障害のある児童生徒に対する教育的支援の1つとして行われる授業での配慮は、他の多くの児童のわかりやすさにつながり、教科教育と特別支援教育を融合させることによって、より多くの児童生徒の理解を促す授業になると考えられるようになっている（廣瀬 2011: 60-62）。すなわち、特別支援教育における教育的支援の具体的諸実践は、障害のある児童生徒「のみ」のためではなく、「すべての」児童生徒にむけたものとして、拡張される傾向にある。このような領域拡張によって、特別支援教育は存在理由を与えられ、正当性を獲得できる。

5　医療化の名の下で、逸脱とみなされた一部の現象は、「悪」から「病」へと歴史的変容をとげたのである。たとえば、「同性愛」である。同性愛行為は、有史以来宗教上の破戒である「罪」とされ、中世の終わりには「犯罪」とされ、医療化の進行とともに現代社会では「病気」と再定義されたのである（そしてさらに、医療化の長い歴史から見れば「つい最近」、同性愛は「ライフスタイル」や「個人の選択」となった。つまり「脱医療化」である）（Conrad & Schneider 1992=2003）。

6　発達障害ブームは、児童精神医学においては「十把一からげどころか、一切合切何もかも根こそぎ『発達障害』とよぶ」（小倉 2006: 124）というような過剰診断の問題として提起されてきた。このブームにのって「量産」された発達障害児は、発達障害の統計上の「増加」を導くとともに、学校に発達障害の診断を受けた子どもたちを「大量」に送り出すことになった。

7　もちろん、このことの「評価」に関しては慎重であるべきだ。医療化現象は、児童生徒のあらゆる問題行動に関する一切の責任が学校（教師）に付与される構造を改善した、あるいは教師が自らの実践によって逸脱的行動を示す児童生徒を「更正」させる可能性を医療に奪われたとみなせるかもしれない。また、保護者にとってもわが子に「障害」という診断を受けさせるかいなかをめぐって、一定の判断が求められるようになった。障害の診断は、一部の保護者にとっては自ずともたらされるもので

23

はなく、自分たちの側の意思決定に基づく側面が強くなったのである。このような側面は、知的障害を伴わない発達障害児であって「健常児」として義務教育をある段階まで過ごしてきた子どもをもつ親にとってはなおのことそうである。さらにいえば、発達障害当事者とされる子ども自身にとって医療化現象はどのような意味をもつのか等、いくつか検討されるべき論点があるだろう。

8 特に、LD（そのなかでも「発達性ディスクレシア」）は脳科学による研究が進行しており（安藤 2011: 48-49）、ADHDは治療薬による対応が普及している（日本発達障害福祉連盟編 2011: 51）。また、自閉症に関しては、「中枢神経系の成熟障害または機能障害」が原因とされ（日本自閉症スペクトラム学会編 2005: 9）、脳内のネットワーク構造が定型発達者とは異なっている（金沢大学子どものこころの発達研究センター監 2013: 126）とされることから、脳機能が着目されるようになった。そして、それを改善させる自閉症の治療薬として、オキシトシンの投与も着目されるようになっている（たとえば、「国立特別支援教育総合研究所メールマガジン 第50号」「自閉症の治療薬は？ —— オキシトシンの可能性 —— 」2011年5月9日発行）や実際に子どもに対してオキシトシンを使用した報告も公表されるようになっている（金沢大学・子どもの心の発達研究センター「オキシトシンの広場 使用報告」http://kodomokokoro.w3.kanazawa-u.ac.jp/menu_01/04.html）。

9 発達障害者支援法（2004年公布、2005年施行）では「自閉症、アスペルガー症候群その他の広汎性発達障害、学習障害、注意欠陥多動性障害その他これに類する脳機能の障害であってその症状が通常低年齢において発現するものとして政令で定めるもの」を指す（第2条第1項）。

10 特定の法律や臨床において用いられる診断基準において、「発達障害」がいかなる「障害」として表象されているのかということや、診断カテゴリーや基準の変更がいかなる「現実」をもたらすのかに関しては、「発達障害の社会的構成」という観点からも探究に値するであろう。たとえば、「自閉症」に関して歴史的観点から見るならば、1990年代に「スペクトラム」という概念が導入されたことが何よりも自閉症概念の拡大をもたらし、「有病率」を上昇させたことが指摘されるようにである（Baron-Cohen 2008; 髙木・石坂 2009）。とりわけ、DSM-5における診断カテゴリーと診断基準の改訂によって、いかなる「現実」が新たに構成されたのかという点に関しては、今後注視すべきであるように思う。

11 「DSM-5」以前に長期にわたって臨床現場で用いられてきた「DSM-Ⅳ」では、「発達障害」は「広汎性発達障害（Pervasive Developmental Disorder：PDD）」の項で「自閉性障害」「レット障害」「小児期崩壊性障害」「アスペルガー障害」「特定不能の広汎性障害」の5つのカテゴリーが下位分類として提示されていた。それが

序章　障害と教育の現在

「DSM-5」では、発達障害を中心とする大きなカテゴリーとして「神経発達障害群（Neurodevelopmental Disorder）」が新設された。そして、DSM- IVにおける「広汎性発達障害」と前述の下位カテゴリーはすべて廃止され、（「神経発達障害群」に属する）「自閉症スペクトラム障害」へと変更された。また、診断基準も3領域から2領域へまとめられる等大きく改訂された（American Psychiatric Association 2013）。

12　H. ガーフィンケルと H. サックス（1970）によって述べられているような研究方針の転換は、「主観的現象の分析可能性」を論じる J. クルターに従えば次のように表明される。「心理的現象や主観的現象をとらえる社会学本来のまなざしは、まったく別のものでなければならない。成員たちはたぶん、主観性の決定を、じつに様々な機会におこなう。このような機会はそれぞれ、それ自体組織的なしかたで与えられるものである。成員たちは主観性の決定をその時々に下すにあたり、何をどう調べていくのか。そのやり方は、文化的に与えられている。社会学がみなければならないのは、この成員自身のやり方にほかならない」（Coulter 1979=1998: 108）。

13　本書では、主として、映像データ分析が中心となる第2から第4章では、「達成」という用語を使用し、エスノグラフィー研究が中心となる第5章と補章では「構成」という用語を使用している。「達成」と「構成」の区別は、分析対象とする素材の相違に由来するような、研究者が現象として切り取るタイムスパンの相違のみにあるのではない。本書では特に、参与者の相互行為を詳細に直接検討することによって障害が立ち現れていく相互行為に着目しようとする際に「達成」を使用している。一方、相互行為を観察した結果作成された「フィールドノート」をもとに「障害がつくり出された現実」を経験的に再記述する際には「構成」を使用している。つまり、「達成」を通して、そのような相互行為が観察されたのはどういうわけかに焦点をあてようとし、また「構成」を通して、その相互行為が観察できたことを出発点として参与者の解釈に焦点をあてようとしている。

第1章
障害と教育への視点

　障害と教育に対する本書の視点を明らかにするために、本章ではまず、障害学、社会構築主義、エスノメソドロジーの視点を概観していく。本書にとって、障害学は「対象」という観点から、社会構築主義とエスノメソドロジーは「社会学的方法論」という観点から、重要な学問的潮流を形成している（第1節）。次に、本書で採用している調査方法（第2節）および調査概要とトランスクリプトの凡例（第3節）について述べていく。

────── **第1節　障害学・社会構築主義・エスノメソドロジー**

1-1　障害学における社会モデルと本書との関係

　従来、障害や障害者はもっぱら医療、リハビリテーション、社会福祉、そして特別な教育の「対象」として医療や福祉、教育の枠組みから捉えられてきた。しかしながら、障害学はそのような枠組みに抵抗し、独自の視点から障害や障害者を捉えなおそうとする。障害学とは次のように定義される。

　障害学、ディスアビリティスタディーズとは、障害を分析の切り口として確立する学問、思想、知の運動である。それは従来の医療、社会福祉の視点から障害、障害者をとらえるものではない。個人のインペアメント（損傷）の治療を至上命題とする医療、「障害者すなわち障害者福祉の対象」という枠組みからの脱却を目指す試みである。そして、障害独自の視点の確立を指向し、文化としての障害、障害者としての生きる価値に着目する（長瀬

27

1999: 11)。

　そのような障害学の重要な課題の1つは、障害をどのように考えるべきであるのかに関して理論化を図り、上述の定義にも示される障害学の主張を実現させていくことにある[1]。そのために障害学が提示してきたのが障害の「モデル化」である。障害学は、従来支配的であった医療、福祉、教育における障害や障害者に対する捉え方を「個人モデル」または「医療モデル」として批判し、そのようなモデルから脱却し、「社会モデル」や「文化モデル」[2]への転換を訴えてきたのである。以下では、後の議論との関連から障害学の理論的核心と位置づけられる社会モデルを中心に述べていくことにしたい。

　社会モデルがいかなるものであるかに関しては、アメリカとイギリスでは相違もあるが (杉野 2007)、個人モデルとの対比で次のように理解される[3]。

　個人モデル：障害の身体的・知的・精神的機能的不全の位相がことさら
　　　　　　　に取り出され、その克服を障害者個人に帰責する。
　社会モデル：障害の問題とはまず障害者が経験する社会的不利のことで
　　　　　　　あり、その原因は社会にあるとする。

(星加 2007: 37)

　そもそも、「障害」とは日本語では同一の用語に回収されてしまうが、障害学においては「インペアメント」と「ディスアビリティ」とに概念上明確に区分されている。「隔離に反対する身体障害者連盟 (UPIAS)」の定義にしたがえば、インペアメントとは手足の一部、または全部の欠損、あるいは手足の欠陥や身体の組織または機能の欠陥をもっていることであり、ディスアビリティとは身体的なインペアメントをもつ人びとをまったく、またはほとんど考慮せず、そのことによって彼らを社会的活動の主流から排除する現在の社会組織によって生じる不利益、または活動の制約であ

る (Oliver 1990=2006: 34)。そして、障害学は、後者の「ディスアビリティ」に焦点をあてる。個人モデルでは、インペアメント(個人に内在する身体的・知的・精神的機能的不全)があるがゆえにディスアビリティが生じると捉える。したがって、ディスアビリティに対処するためには因果関係で結ばれているインペアメントを医療や福祉や教育によって個人に克服させねばならないのであり、その責任もまた個人に帰属される。それに対して社会モデルは、障害が問題化されるのは個人にインペアメントがあるからではなく、社会的にディスアビリティが生み出されているためであり、「できないこと」を否定的に捉える社会のあり方が問題とされる (星加 2007: 42-43)。すなわち、社会モデルの主張を簡潔に述べるならば、「変わるべきは(障害者)個人ではなく社会である」(Oliver 1996: 37) [4]。

「変わるべきは個人ではなく社会である」という言明に集約される社会モデルにおいて、その観点から行われる教育研究とは一体いかなるものであるのだろうか。その「定義」なるものがあるとすれば、何より「教育におけるディスアビリティ現象」を扱うということであるだろう。それは、堀正嗣によれば、障害者に制限を課す抑圧や差別、排除を総体的に表現するものであり、教育においてはマクロからミクロに及ぶあらゆる教育現象に貫徹している「制度化された差別」を指す (堀 2014: 295)。つまり、障害学の観点に立つならば、障害児をめぐる教育現象・教育現実の記述や分析は、抑圧と解放、差別と平等、排除と包摂の社会的文脈との連関において遂行されなくてはならず、インペアメントのある子どもたちへの社会的抑圧からの解放をめざす視座が共有されていなければならない (堀 2014: 1)。

では、そのような障害学的教育研究と本書は、どのような関係にあるといえるのだろうか。まず確認したいことは、「障害はつくられる」という視点を共有する本書は、少なくとも社会モデルの否定とそれに伴う個人モデルへの回帰を促すものではないということである。しかしながら、それのみで本書が「障害学的」であるといえるわけではないだろう (もっとも、本書は「障害学的教育研究」を標榜しているわけではないが、その相違を考えることは本書の視点を明確化するためにも役立つだろう)。その理由としては、まず障害学

では前述したように障害をインペアメントとディスアビリティに区分しているわけだが、本書ではそのような区分を用いておらず、社会モデルを中心に据えた経験的研究の範例にはなり得ていないことにある[5]。本書が対象とするのは、序章で述べた通り、人びとが活動のなかで運用している障害カテゴリーであり、いいかえれば、社会のメンバーである人びとによって「頭のなかにある」と語られ、実際にそのようなものとして扱われているような、相互行為のなかにある障害である。したがって、社会のメンバーが「インペアメント」、「ディスアビリティ」という区分を観察可能な形で相互行為のなかで用いていない限り、研究においてあらかじめそのような区分を導入することはないのである。

　次に、社会モデルによって焦点化される「社会」とは、個々の障害者が直面する社会的障壁（エレベーターの不在や教育者の差別的態度等）ばかりに焦点があてられる傾向にあるが、それのみでなくそのような社会的障壁の背後にある福祉国家システムや市場経済システムも含まれる（星加 2013: 24）。しかしながら、本書ではそのような「マクロな社会構造」を直接的に検討するわけではない。本書は、社会構造とは障害や教育という現象およびその場の参与者の背後にあり、人びとの行動や意識を規定していると考えているのではない。「福祉国家システム」や「市場経済システム」は、人びとが相互行為を行うなかでそれをその場の相互行為に関連するものとして適切に参照する際に立ち現れると考える。

　そしてさらに、「（インペアメントのある）子どもたちへの社会的抑圧からの解放をめざす視座」についてである。本書は、前述したように、ある場面で特定の児童の障害あるいはそれと結びつく「困難」や「できなさ」が可視化される際に、それがどのような場において、またどのような相互行為を通して組織化されるのかを記述しようと試みる。もちろん、その際、障害学的教育研究における「抑圧と解放、差別と平等、排除と包摂の社会的文脈との連関」もまた十分検討の対象となり得る。ただ、そのような文脈があらかじめ研究の前提として存在するのではなく、差別や排除の現象として観察可能となるとすれば、それは参与者たちのどのような実践を通して

であるのかが本書の焦点となる。このような方向性は広い意味での社会的
構成論やエスノメソドロジー研究が共有するものだが、これらの社会学的
方法論が「障害学的であること」と矛盾するということではなく、研究の
「あり方」としていくつかの留保と確認が必要ということなのだ。

　このような本書の方向性は、政治的、公的な領域における社会変革とい
う目標が理論的にも運動論的にも期待される社会モデルに基づく障害学的
研究からすれば、その場の相互行為を「記述」するにとどまり、静的で現
状維持的であるように思えるかもしれない。したがって、本書は必ずしも
障害学の社会モデルが求めるようなあり方ではないであろうが、本書なり
のやり方で「できなくさせる社会 (disabling society)」と「できるように強い
る社会 (ableistic society)」(星加 2013: 36-37) のあり様を、人びとの相互行為
をもとに読み解いていくことにしたい[6]。

1-2　社会構築主義の視点

　社会学における構築主義の出発点は、現象学の系譜を引く P.L. バーガ
ーと T. ルックマン (Berger & Luckmann 1966=2003)[7] にさかのぼるという
指摘もある一方で (中河 2001; 千田 2001; 他)、とりわけ「社会問題の社会学」
の領域において「社会構築主義」という用語を広め定着させたのは、M. ス
ペクターと J. I. キツセによって提示された「構築主義アプローチ」(Spector
& Kitsuse 1977=1990) であるといえるだろう。

　「社会問題とは何か」という問いを方法論的に探究するスペクターとキ
ツセは社会問題を次のように定義する。

　　われわれは、社会問題を定義するにあたって、社会のメンバーが、ある
　想定された状態を社会問題と定義する過程に焦点を合わせる。したがって、
　社会問題は、なんらかの想定された状態について苦情を述べ、クレイムを
　申し立てる個人やグループの活動であると定義される (Spector & Kitsuse
　1977=1990: 119)。

つまり、社会問題の社会学に携わる研究者は、それまで主流であった機能主義的立場あるいは規範主義的立場から自らの研究対象を定義し研究するのではなく、「クレイムを申し立て、苦情を述べ、状態の改編を要求する活動」(人びとの社会問題活動)に焦点を合わせる。そして、「クレイム申し立て活動とそれに反応する活動の発生や性質、持続について説明すること」こそが、社会問題の理論の中心的課題となる (Spector & Kitsuse 1977=1990: 119-123)。

　社会問題への構築主義アプローチは、その後「構築主義論争」(中河 1999: 271) と称される方法論上の論争に巻き込まれていったが[8]、一方で数多くの経験的研究が蓄積されていった。たとえば、本書に関連するテーマとして、スペクターとキツセの方針にのっとって、1950年代のアメリカで、「顧客不足」に直面した小児科医が「医療」の対象となる子どもたちを産出していくあり様を記述した D. ポーラッチ (1996) や、他にも、必ずしもスペクターとキツセの提案する方針にのっとったわけではないが、明治・大正期における「知的障害」概念の変遷を、障害 (impairment) の内実がどのように認識されてきたのかを検討した寺本晃久 (2000)、構築主義的な医療社会学に依拠して精神疾患言説を歴史的に論じた佐藤雅浩 (2013)、また再度言及するが自閉症の社会的構成を論じた Nadesan (2005) や ADHDの社会的構成を論じた B. A. Mather (2012) 等がある。ここであげた研究はいずれも――たとえば M. H. Nadesan (2005: 80-137) が1940年代から現代にいたるまでの心理学的な言説のなかで自閉症がどのように台頭し構成されていったのかを論じているように、また Mather (2012: 17-18) がDSM の改訂とともに ADHD がどのように分類上の位置づけを変更されていったかに言及しているように――一定の「歴史的」タイムスパンを研究対象としている。このように長期的視点にたった場合、障害というテーマは、定義や概念の変遷、そしてそれをめぐる専門家の関与をめぐって「新たに」産出され続けるという特性が比較的明瞭であり、「構築」や「構成」といった視点にとりわけ「親和的」であるよう思う。

　その意味では、たしかにその構築過程が「見やすい」設定はあるといえ

るかもしれない。しかしながら、社会構築主義はそのような「みやすい」設定を演出するための単なる道具ではない。I. ハッキングは、「X は社会的構成物である」と論じる主張の目的は「何よりもまず問題意識を目覚めさせるためであった」(Hacking 1999=2006: 13) と述べる。つまり、「X の社会的構成」の論者は日常世界において実体として理解されているものが、(実は) 社会的に構成されたものなのだと主張することによって、人びとの問題関心を喚起しようとするのである。そしてそのような問題関心の喚起とセットとなっているのが、「社会的構成物である」と主張される X をめぐる社会の現状に対する批判であるという[9]。

　そもそも社会構築主義は、ラベリング論が陥った実体論的発想および原因論的発想の乗り越えを試みたアプローチであり[10]、「脳のなかに」障害を位置づけることに批判的観点をもつ本書にとって重要な意味をもつ。その意味では、本書は、障害の実体論的・原因論的発想の否定という点で、広い意味で社会的構成論の立場を共有している[11]。しかしながら、本書では、狭義の社会的構成論ともいうべきスペクターとキツセによる構築主義アプローチにのっとった「自然史研究」のように、一定のタイムスパンを有するクレイム申し立て活動の応酬を通して障害をめぐる社会問題が構築される過程の解明を試みようとしているのではない。教育実践におけるやりとりの細部に宿る障害、いいかえれば教育実践においてそのつどの相互行為のなかで人びとがどのように障害をなしとげるのかという点に着目する。そのために、さらに以下のエスノメソドロジーの視点が必要になる。

1-3　エスノメソドロジーの視点

a.　「見られてはいるが気づかれていない」人びとの方法

　相互行為の編成のされ方の問題として障害を検討しようとする際に、そこで含意されているのは人びとが現実を成り立たせている「方法」への着目であり、「エスノメソドロジー」の創始者 H. ガーフィンケルの言葉にしたがえば、「見られてはいるが気づかれていない (seen but unnoticed)」(Garfinkel 1967) 方法である。

ガーフィンケルによれば、エスノメソドロジーとは、日常生活の組織
化された巧みな実践が偶発的で連続的な達成としてなしとげられるあり様
を、インデックス的表現およびその他の実践的行為の合理的諸特性に着目
して探究することを指す (Garfinkel 1967: 11)。つまり、日常生活の世界を
生きる人びとは、今自分たちのやっていることをなしとげるために暗黙
のうちに何らかの「方法 (エスノメソッド)」を用いている。そのような方法
を人びとは、観察可能な社会的活動をするために「その場に即した、つま
り、状況に埋め込まれた形で使う」(Francis & Hester 2004=2014: 37)。そし
て、エスノメソドロジーは、人びとが何であれ、いま自分たちのやってい
ることをなしとげるために、実際にどのような方法を使用しているのかを
探究するのであり、そのような人びと自身の諸方法を記述・分析するので
ある (Psathas 1988=1989: 12)。そして、そのような日常を成り立たせてい
る人びとの方法を経験的研究のトピックとして扱うエスノメソドロジーは、
「日常生活のもっともありふれた活動に対して通常であれば特異な出来事
に与えられるような注意を向けることによって、それらの活動をそれら自
体において (in their own right) ある諸現象として探究しようとするのであ
る」(Garfinkel 1967: 1)。
　このように人びとは、日常生活を送る上で意識されることすらなくごく
当たり前に行われている「もっともありふれた活動」のやり方を自覚した
り、言葉で説明したりすることはないけれども、どういうわけか達成す
ることができる。すなわち、「見られてはいるが気づかれていない」方法と
は、人びとが実践しているけれどもそのやり方を自覚することなく自明視
的に用いられている方法を指すのであり、そのような方法があらゆる現象
を、いいかえればまさにわれわれが生きている日常世界を成り立たせてい
るのである[12]。
　たしかに、われわれは「見られてはいるが気づかれていない」方法を実
践している。たとえば、「冗談の言い方、その楽しみ方、文法的に言葉を
話す方法、チェスの指し方、釣りの仕方、あるいは議論の仕方を知って
いると述べる場合」(Ryle 1949=1987: 28)、他にも歩き方や自転車の乗り

方、さらには会話における順番交代のやり方 (Sacks, Schegloff and Jefferson 1974) など、無数のエスノメソッドを使いこなしている。すなわち、「実際には行為の効果的な実践がむしろ実践のための理論に先行する」(Ryle 1949=1987: 31) のであって、われわれは常にあらかじめ理論や知識を確認してから、行為をするわけではない。何らかの実践的行為を達成するために行っているのは、「やり方／方法」をそのつど実践することなのである。そして、教育に関わる場面で障害が産出されるときも、このような「人びとによる見られてはいるが気づかれていないやり方」を通して行われるのである。

b. ふるまいと成員カテゴリー

　ところで、「教室のなかで特定の児童生徒の障害が可視化される」という場合、どのような場面を想定できるであろうか。たとえば、医学的診断を受けた障害を有する児童生徒がおり、当該の児童生徒が障害の表れとみなされるような問題行動をした。あるいは、クラスのほぼ全員ができることを「障害のある児童生徒」だけができなかった。このように記述できるような場面で、われわれは「障害と問題行動」や「障害とできなさ」との結びつきを指摘し、「障害児が (障害ゆえの) 問題行動をしている」あるいは「障害があるからできないのだ」と理解する。そのような理解は、必ずしも障害児者に対する偏見からもたらされるわけではなく、なぜあえてこのようなことが取り上げられねばならないのか不可解に思うほどに「たしかにそのように理解できる」、あるいは「そうとしか理解しようがない」ものであると感じられるように思う。つまり、日常生活者としてのわれわれは、他者のふるまいとそれが帰属されるカテゴリーの担い手を難なく同定していると考えている。しかし、カテゴリーを同定することは実はそれほど単純な事柄ではない。当然のことながら、障害のある児童生徒の行うあらゆるふるまいが障害性を伴ったものとみなされるわけではない。第3章においても児童の「泣く」という行為に焦点をあてるが、たとえば、小学校1年生の児童が「転んで泣いた」とする。たとえその児童に障害があっ

たとしてもその「泣く」という行為は障害の表出とはみなされないだろう。この時、転んで泣いた児童は単に「転んで痛かったから泣いた」とみなされるだけであるように思う。つまり、ふるまいとそのふるまいの担い手が「障害児であること」は、行為者の「属性」あるいは外在的に付与されるカテゴリー（たとえば、特別支援学校に在籍する児童だから障害児であるというような）に応じて機械的に結びつくわけではない。行為者が「障害児であること」は行為（ふるまい）と障害というカテゴリーを結びつける状況や文脈、そして人びとの実践のうちに立ち現れるのである。たしかに、場の制度的な特徴（特別支援学校であること）やそこから導かれる行為者の属性（児童に障害があること）は決して「間違いではない」という意味で、たしかに「正しい」かもしれないが、常に「適切」とは限らない。行為者に「障害があること」は場面内在的に示すべき事柄なのである。この点については、〈障害児であること〉がどのように相互行為のなかで達成されるかを分析することを通して扱いたいが、論点を先取りするならば、参与者が何者としてふるまっているのか（行為とそのカテゴリーの担い手）ということが、「有意味な（レリヴァントな）かたちで現実性（リアリティ）をもったものとなるのは、そのつどの局所的な組織化をとおして、あるいはそのような組織化としてにほかならない」（西阪 1997: 46）のである。

①インデックス性と相互反映性

　相互行為において行為とそのカテゴリーの担い手との結びつきが局所的な組織化を通して産出される際に、不可欠なものとして存在しているのが「文脈」（場面、状況）である。すなわち、行為や出来事、あらゆる事柄の意味はそのつどの文脈に依存し、その文脈を通して構成される。それは、われわれの日常言語に備わった特性であるが、エスノメソドロジーの基本概念では「インデックス性（indexicality）」と呼ばれる（Garfinkel 1967）。つまり、どのような語句や文も、その使用の文脈の外に取り出せば、理解し難いものや曖昧なものとなるのであり、相互行為において意味が理解されるにあたって「文脈」が果たす役割を認識しなければならない（さらにいえば、

そうした「理解し難さ」や「曖昧性」もまた、相互行為におけるそうした文脈のおかげで存在する）(Francis & Hester 2004=2014: 9-14)。したがって、特定の行為が「できない」、「困難」、そして障害という概念と結びつくこともまた、そのつどの文脈のなかで「適切な」ものとなるからである。だからといって、文脈のみが行為や出来事、事物の意味をすべて決定するのではない。つまり、日常言語のインデックス性という特性は、エスノメソドロジーのまた別の基本概念でもある「相互反映性 (reflexivity)」という特性にも関連している。相互反映性についてガーフィンケルは次のように述べている。

> 人びとの説明（members' accounts）は、その合理的な特徴に関して、その説明が使用するところの社会的に組織化された場 (occasions) に、相互反映的にまた本質的に結びつけられている。というのも、説明の合理的な特徴とは説明が使用するところの社会的に組織化された場の特徴であるからである (Garfinkel 1967: 4)。

ここで述べられているのは、人びとが行う説明（accounts）と場 (occasions) との互いが互いを規定し合うという反映的な関係である。インデックス性として前述したように、言葉、行為、出来事の意味は「文脈」があってはじめて確定される（この「文脈」を上記の引用に合わせて「場（場面）」、あるいは別の用語で表現すれば「状況」と言いかえられるであろう）。この意味で、人びとが行う説明（記述）の意味は当該の場面（文脈、状況）に依存している。だが一方で、あらゆる場面（文脈、状況）は、説明（記述）によって生み出される。つまり、場面（文脈、状況）は人びとの説明（記述）の意味を確定すると同時に、場面（文脈、状況）はまさしくそのようにして産出された説明（記述）を通して存在し確定されるのである。したがって、「ある児童の〜という行為が障害である」というように記述される場合、それを適切なものとする場面（文脈、状況）を必要とすると同時に、今度はそのような説明（記述）の産出がインデックス的特性として機能し、当該の場面（文脈、状況）を構成するのである。

②説明可能性

　日常言語にインデックス性という特性があるために、参与者はインデックス的表現を客観的表現へと「修復する」、つまりは置き換える作業を行う。その作業は「実践的社会学的推論」と呼ばれる (Garfinkel & Sacks 1970: 339)。だからといってわれわれは、日常的には自覚的にそのような「修復作業」に従事するわけではない。むしろたいていの場合、日常生活が円滑に進行する際には、他者が何を行っており、そこで何が起こっているかは明瞭であって疑問に付されない。つまり、人びとは互いに相手にとって理解可能な形でその場面を組織化していくことで、相互的な理解を達成し、その場の相互行為を秩序だった形で進行させているのである。このような人びとの実践に、ガーフィンケルは「説明可能 (account-able)」という用語をあて、人びとが場面を「説明可能」にする活動に目を向けることを提案する (Garfinkel 1967: 1)。つまり、自然言語に習熟した社会のメンバーは「どういうわけか (somehow)」ある現象を「観察可能で報告可能 (observable-reportable)」、すなわち「説明可能 (account-able)」な現象としているのである (Garfinkel & Sacks 1970: 342)。そしてこうした自らの行為を説明可能とする実践は、「どういうわけか」と述べられているように、自分たちで自覚的に行われるというよりも、「見られてはいるが気づかれていない」方法を通して行われているのである。

　一方、このような説明可能とする実践は、事実性に何の疑問ももたれずに相互理解が成立している活動ばかりではない。それは、インデックス的特性の取り扱いに関して、安定した相互行為の進行が危機にさらされ、何らかの緊張状態が生じたりそのおそれがある場合に、それを調整し互いに状況認識を納得できるような形で巧みに説明可能にしていく手続きでもある (清矢 1994: 112-115)。障害という現象においては、誰もが端的に理解され得るという側面がある一方で、このような調整行為としての説明可能とする実践 (accounting) にも着目していきたい。というのも、障害はその場の相互行為の円滑な進行を立ち止まらせるある種の秩序の亀裂や緊張として観察可能となる側面もあり、そのような状況を説明可能とする人びとの

第1章　障害と教育への視点

営みが障害というカテゴリーを浮かび上がらせる側面もあるからである。

1-4　本書を通底する3つの視点

　前述のようなエスノメソドロジーの基本的概念は、第2章以降の経験的研究において障害をめぐる人びとの実践を研究対象とする本書の基本的な立場でもある。とはいえ、本書はエスノメソドロジーの研究方針がまずあって調査・研究が開始されたのではなく、「障害児教育研究」として開始された。すなわち筆者がフィールドに出て授業場面の撮影をする機会に恵まれ、それを何度も視聴するなかで、いわゆる誰もが障害を想起させられるようなトラブル的な状況のみでなく、一見流れていくような円滑な相互行為の両方において障害は観察可能であり、そのような場での参与者の複雑な実践を読み解いてみたいという関心に本書は導かれている。したがって、本書のアイデンティティは今でもなお「障害児教育研究」にある。そのような「エスノメソドロジーに触発された障害児教育研究」としての本書を通底する視点を述べるとすれば次のようになるであろう。

　　　第1に、その場の社会的文脈と結びついた参与者間での複雑なやりとり以前に、対応すべき行為に固定的な意味[13]があるわけではない。
　　　第2に、行為への対応も常に理論的な根拠を参照して行われるわけではなく、むしろその文脈に即した「適切さ」を参与者はつくりだしていると考えられる。
　　　第3に、児童自身も障害の克服を期待されるばかりの受動的な存在ではなく、行為の意味をつくりあげることに教師と協働して関わっているように思われる。
　　　つまり、障害とは局所的で偶発的な参与者の実践のなかでなしとげられているのである。

　上記の1から3の視点に基づいて、第2章から第4章では、言語的やりとり（いわゆる会話）のみでなく、非言語的やりとり（視線、ジェスチャー、身

39

体の動き）をも検討の対象として、映像の分析に基づいた「相互行為分析」という方法を用いる。相互行為分析については次章においても言及するが、ガーフィンケル（1967, 1991, 2002）やガーフィンケルとサックス（1970）、ガーフィンケルとウィーダー（1992）等によって提案された方針に基づいており、日本でも西阪（1997）等によって紹介および実践されている。また、教育社会学の領域においても、相互行為分析を含めたエスノメソドロジー研究全般が「エスノメソドロジー研究」としてよりは、学校教育の「内実」を見る実証的研究のための厳密な「ツール」として受容され展開されてきたことが指摘され（清矢 1998; 秋葉 2004）、そのような観点からの経験的研究も蓄積されてきた（秋葉 2004; 阿部 1997; 大辻 2003, 2006; 等）。本書における「障害児教育研究」としての志向性は、教育社会学におけるエスノメソドロジーの受容・展開過程とも関連している。こうした流れを引き継いで、障害児教育実践を対象として本書が行おうとしていることは、障害と結びつく相互行為が秩序だったかたちで進行していく際に、障害を相互行為内の現象として明らかにすることである。そして、そこでの参与者の営みを「社会学的に記述する」(Sacks 1963) [14] ことなのである。

───── **第2節　質的調査法を通して──映像データ分析を中心に**

　日本では教育社会学の領域において、1990年代後半以降、経験的な障害児教育研究が行われるようになったが（福留 1999; 堀家 2003; 澤田 2003; 吉澤 2008; 末次 2012; 佐藤 2013; 等）[15]、これらの研究にはある共通点がある。それは、質的な調査方法を用いて障害というテーマに接近しているという点であり、より具体的には、広い意味での社会的構成論の視点に依拠し、その場の相互作用に着目して障害を検討しているという点である。このことは、教育社会学における障害児教育研究が、1990年代以降の障害学における社会モデルの浸透や社会学における社会的構成論への着目、そして教育社会学における質的調査法を用いたエスノグラフィックな学校研究の

蓄積といった国内の学術的状況を背景として登場した「新たなテーマ」であることを示しているであろう[16]。その意味では、教育社会学的観点からの障害児教育研究は蓄積それ自体が課題であるといえるだろうが、さらにそのなかでも「映像」をデータとして扱っているものはきわめて少ない（鶴田（2007, 2008）および吉澤（2008）がある程度である）。しかしながら、児童生徒の障害がその場においてどのように構成され、そしてそのような場の組織化に障害児や周囲の健常児、教師がどのように相互に作用し合っているのかを論じる際にも、「映像」という「硬質なデータ」をもとに実際の場面を詳細に検討する方法は、次に述べる通り欠かすことのできないものであるように思う。

2-1　映像データ分析の特性

　前述したように、第2章から第4章では、AV (audiovisual) 機器（視聴覚機器）を利用した映像データ分析という調査方法を用いるが、AV機器を使用しない他の調査方法と比較した場合、映像を「データ」として使用することの特性はすでに論じられている（石黒 2001; 清矢 2001, 2008; 他）。それは大別すれば、映像データの特性は「再現可能性」と「反証可能性」にあるといえるだろう。前者は、映像を繰り返し視聴し場面を何度でも再現させて検討可能であることを指し、後者は（前者によって可能となるのであるが）可能な限り「精確」に文字化する技術（トランスクリプト）を使用して場面を提示したり、あるいは撮影者や分析者以外と場面を共有したりすることを通して分析知見の反証性や実証性を保証できることを指す。これらの特性によって、撮影時とは異なる関心に基づく事後的な検討や共同視聴を通してのデータセッションも可能となる。そしてそこからまた新たな関心や問いが導かれ、さらなる分析や知見に開かれるというように、映像データ分析は循環的に生成されていく[17]。

2-2　障害児教育研究における映像データ分析の意義①

　映像をもとに参与者の相互行為をエスノメソドロジーの視点から解読す

る相互行為分析において C. グッドウィン (1981) は、発話をしていない人物 (聞き手) による「視線」に着目した。話し手は聞き手の視線に反応しながら話を組み立てていくのであり、会話とは「話し手であること」と「聞き手であること」を互いが確認し合いながら進行するものである。会話がこのように秩序だった形で行われているその具体的なあり様をグッドウィンは示したのである。

　会話のみでなく身体的行為にも着目するグッドウィンの研究を通して、ここで確認すべきことは、視線をはじめとした身体的行為は IC レコーダーには録音できず、フィールドノートにおいても詳細には記録しきれない、というきわめて当たり前の事実である。特に、授業場面など複数の参与者がいる場合には、その場面において発話が直接的に向けられているわけではなく、その意味では会話に「参加」してはいないけれど、その他大勢の1人としてゆるやかに「聞き手」を構成する多くの参与者がいる。その場のやりとりがどのようなものとして参与者に経験されているかを確認する上で、そのような「集合的聞き手」の反応が重要な意味をもつことがあり得るかもしれない。もしくは、会話をしている者やそれを受ける者の視線やふるまい方にこそ、そこで示されているなんらかの行為が障害を喚起させ、「障害児」と「健常児」の境界線を形成するワークをなしとげている場合もあるであろう。本書が映像データ分析を主な方法として採用する目的は、そのような参与者自身のみならずその場にいる観察者もまた気づかないような、身体的行為に接近するためである。特に、次章以降の経験的研究において「発話がまだない」とされるような障害児 (第3章)、あるいは「障害 (児)」と「健常 (児)」とのメンバーシップを互いが確認し合うような作業に着目する際には (第4章)、会話のみでなく身体的行為に着目することで「観えてくる」ものがある。すなわち、参与者がそのつどの場面で「見られてはいるが気づかれていない」やり方で合理的に達成している障害を「再現」させることが「障害の観察可能性」へ接近する1つのやり方なのであり、それは映像を「データ」として詳細に検討し、徹底して場面を観るなかでこそ可能となるのである[18]。

2-3 障害児教育研究における映像データ分析の意義②

　上記に引き続き意義なるものをもう1点あげるとすれば、それは、障害というカテゴリーがどのように観察可能になっているかという点に関連する。本章第1節 (1-3) において、「行為者が『障害児であること』は行為（ふるまい）と『障害』というカテゴリーを結びつける状況や文脈、そして人びとの実践のうちに立ち現れるのである」と述べた。行為者が担うカテゴリーを探究しようとする際にわれわれが観るべき「状況や文脈、そして人びとの実践」とは相互行為のシークエンス（系列）に表れることでもある。したがって、行為者のカテゴリーとシークエンスとは相互反映的な関係にあるのである。

　この相互反映的な特性に関しては、S. ヘスターと E. エグリンが、社会的相互行為のシークエンシャルな側面とカテゴリー化の側面の両方が、互いを知らしめ (inform)、実践においては密接に絡み合っており、分析という目的のためにしか分離することができないと明確に指摘しており (Hester & Eglin 1997: 2-3)、R. ワトソンはより詳細にこの問題を論じている (Watson 1997)。エグリンとヘスター同様にワトソンもまた、現代のエスノメソドロジー研究が、シークエンス分析に傾倒することで意義深い知見を提供してきた一方で、成員カテゴリー化分析への無関心を招いてしまったと論じる。しかしながら、ワトソンによれば、たとえ成員カテゴリー化の現象が詳述の対象にされなくとも、それは「場面の背後で」機能している。いいかえれば、会話分析における多くのシークエンス分析の諸側面は救いがたいほどに (unrelievedly) 成員カテゴリー化を資源としてそれに依存しているのである (Watson 1997: 50-51)。たとえば、次の会話例である。

　　Dr:　Did y' feel sick（具合が悪いんですか？）

　　　　（0.6秒）

　　Pt:　A little bit// Ye:s]（はい、少し。）

　　Dr:　Mmh hmh. Right hh Now c' n yih// tell me-（うーん。わかりま

した。では、)

Pt:　An lwz very white（青ざめてしまって。）

（0.3秒）

Dr:　Pale?（顔色が悪く？）

Pt:　Pa:le（顔色が悪くなって。）

Frankel（1990）

　上記のフランクルの会話例に対してワトソンは、次のことを指摘する。われわれは文章を左から右に読むという文化のなかで、トランスクリプトされた発話を読む前に「医者 (Dr)」や「患者 (Pt)」といった話し手のカテゴリーの地位を知ることになる。それゆえ、トランスクリプトを左から右に読むことは、読み手に発話を「医者の発話」「患者の発話」として、制度的アイデンティティに結びついた発話として読ませやすくする。トランスクリプト作成者は、ある意味では相互行為を組織化する作業またはカテゴリーの地位を与える作業を行っているのである。さらに、トランスクリプトの話し手のカテゴリーのみでなく、論文の題目、トランスクリプトされた特定の事例を紹介する文脈化された注釈や事例をとりまくすべてのテクストは、カテゴリーの同定で満たされている (Watson 1997: 52)。

　そうだとすれば、本書の経験的研究においてとりあげる各場面のトランスクリプトにおける話し手のカテゴリーはもちろん、それに先立つ、あらゆる情報（本書の題目や章題、節題から、そのなかで記されたすべての事柄、場面に先立つ状況の説明等々）が、すべて秘密裏に分析に持ち込まれたテクストであるとみなせるかもしれない。もちろん、(そのようなテクストをすべて排除することは現実的ではないかもしれないが)「場面の背後で機能するカテゴリー」を1断片、1ターンごとに例証するというやり方もあるだろう。

　しかしながら、本書は必ずしも、そのような分析手法を採用してはいない。だからといって、本書はトランスクリプトに記述される発話者の表記として障害に結びつくカテゴリーや場面状況を説明するための注釈を、秘密裏に分析に導入することを許容しているわけではない。再度ヘスターと

44

エグリンの指摘に戻れば、そもそもエスノメソドロジーは、「実践的行為者」であると捉えられる社会の成員によってたえず達成されるものとしての社会秩序を問題とするのである。その際、「実践的行為者」とは、彼ら自身、(1)〔自らの〕世界に関する実践的な分析者かつ探究者であり、(2) 自らが関わっている作業や営みを扱うことのできる素材なら何でも用いる、そのような行為者を意味する (Hester & Eglin 1997: 1)。つまり、特定の場面における「障害の観察可能性」をめぐって「秘密裏に分析に導入されている」ようにみなせる事柄があったとすれば、それは分析者・探究者としての研究者が「恣意的に」行ったことではなく、実践的行為者としてその場に集うすべての参与者同士がまた社会秩序を現在進行形で達成するために互いに参照し合っている事柄でもある。本書では、参与者たち自身が参照し合っているそのようなあり様を「観る」ために、「映像」に接近するのである。

2-4　エスノグラフィーの実践

　第5章と補章は、参与観察に基づくエスノグラフィー研究である。それは、調査の進捗状況や調査先の事情を考慮し「撮影しない」という選択をしたからである。だからといって、これらは「撮影を諦めた結果」という消極的な姿勢のもとで産出されたのではない。もしあらかじめの分類に従うならば、本書のエスノグラフィーは、人びとが現場の言葉やレトリックを用いながら現実を構築していくプロセスを経験的に調査する「構築主義的エスノグラフィー」(古賀 2008: 158) に位置づくであろう。しかしながら、「図らずも」エスノグラフィーとなったこれらの章は、そのような分類の忠実な実践ではない。しかしながら、複数の調査法を採用したことで、本書の目的である「障害の構成の記述」は豊かなものになったと思う。特に、エスノグラフィーによって、フィールドノート (以下、「FN」とする) という作成者の視点を通して再構成された資料をもとに、障害の構成過程を——映像における「断片」よりも長いタイムスパンで——読み解くことが可能となっている。

2-5 データにおける「恣意性批判」について

　ここで、本書のような質的な調査方法に向けられる「よくある批判」について説明しておきたい。それは、いわゆる「恣意性批判」といわれるものであり、主に量的調査法から質的調査法に向けて、わずかな事例から社会現象や教育現象等に対して一般的な知見を得ようとする際に、「事例選択の恣意性」や「記述／解釈の恣意性」としてなされてきた批判である（北澤 2008: 33）。いいかえれば、恣意性批判とは、各研究者が採用する方法論から派生する「データ＝事例」へのまなざしから生じるものであり、質的調査法に対してこのような批判を抱き続ける者とそうでない者とでは「わかり合えない」問題でもあるのかもしれない。たとえそうであるとしても、以下では「規則や方法の記述はいかにして可能か」という観点から恣意性批判に対する本書の立場を述べておくことにしたい。

　E. デュルケムは当時19世紀のヨーロッパにおいて知られていた自殺の増加について、各社会に見られた自殺率の長期的傾向を個人の「意図」や「動機」によって説明するのではなく、社会的要因によって説明しようと試みた（Durkheim 1960=1985）。デュルケムはその試みを通して各社会に固有の自殺率があるという「社会的事実」を説明するために、自殺を自ら定義し、各国の自殺に関する公式統計を分析した。デュルケムにとって「規則」や「方法」は、公式統計の分析の結果から導かれた「統計的相関」によって記述可能となるものであった。このように、規則や方法を記述するための社会学に特有の方法として、デュルケムによる『自殺論』以来の計量的方法が存在する一方で、別の立場も存在する。日常的相互行為を可能としている規則の場合には、「規則からの逸脱」が観察可能となった時に、そこに規範的に想定されている規則の存在が記述可能となるのである。

　そのことをある会話例をもとに述べていくことにするが、たとえば、われわれは街中で知人にあった際に次のようなやりとりを行うことがあるだろう。

第1章　障害と教育への視点

　[事例1]　　01太郎：こんにちは
　　　　　　　02花子：こんにちは

　上記が会話分析の基本概念である「隣接対」と呼ばれるものである。2つの発話は「挨拶」–「挨拶」という対で結びついており、「第1成分」である太郎の「挨拶」が「第2成分」である花子の「挨拶」を「規範的に」要請する。このように記述することを可能とする「秩序」を見い出したのは、E. A. シェグロフとサックス (Schegloff & Sacks 1972=1995) であったが、着目すべき点は、このような会話における規則を見い出すにあたって太郎と花子に類する事例を膨大に収集しなくてはならないというわけではないということである。

　[事例2]　　01健一：こんにちは
　　　　　　　02友子：‥‥

　01の健一の「挨拶」に対して02で友子が「無言」であった場合、それを「健一を無視した」、「健一の挨拶が聞こえなかった」等のさまざまな記述の可能性はその状況に応じてあり得るが、「挨拶の不在」であるとはひとまずいえそうである。だが、「挨拶の不在」と記述できるのは、「隣接対」によって規範的に要請された第2成分が「ない」ことが観察可能となることによってである。そしてその際同様に、研究者が「不在」の存在を指摘するために、同様の事例を統計的有意性を示すほど一定数収集する必要はない。事例2は事例1で観察される会話の規則によって導くことができる。つまり、両方の事例ともに事例の「数」が問題なのではない。実際に生起した相互行為として、そこでのやりとりにおける規則性をわれわれが理解可能であり、想起可能であれば、十分である。このような観点にたった場合、事例（データ、場面）とはわれわれが実践している「見られてはいるが気づかれていない」方法や自覚せずに用いている規則を「想起させる (remind)」ためのものとしての役割を果たしているといわれる (Winch 1958=1977:

12)。もちろん、エスノメソドロジー研究に限らず質的調査法全般においても、データに「想起させる」という役割を果たさせるために、目的に応じて一定数の事例を収集する場合もある。だが、あくまでもそれは「目的に応じて」行われることであって、統計処理を施すためであったり、研究を進める方法論的手続きとして恣意性批判に応えるための「一般性」や「妥当性」を担保するためではない。

　次章以降で経験的研究を提示するが、上記で提示した太郎と花子の例と比較して、本書の場面はいずれもが複雑で独自の展開を有しているように思えるだろう。何がそこで生じているのか一見して明らかな場面ばかりではない。それでもその場面を詳細に読み解いていくならば、障害を立ち現せる相互行為における規則が観察可能となるのは、その多くが通常の行為能力を有しているメンバー同士であればそのような展開にはならないと想定されるような、「規則からの逸脱」が観察される相互行為のあり方を通してなのである。したがって、いかに独自性が強く思える場面であろうとも、それは「実際に生じた出来事」として参与者が使用している規則にしたがって生起したのである。そうである以上、研究者が行うことは参与者が規則にしたがって遂行している行為がどのような方法によってなしとげられているのかを再構成することである。

─────── **第3節　調査概要とトランスクリプトの凡例および補足**

3-1　調査概要

　本書では、いくつかのフィールド調査を経て収集された「データ」を検討する。検討場面の詳細については各章で改めて述べるため、ここではそれぞれの調査の概要についてのみ述べる。第2章および第3章における調査は筆者による個人研究として実施しており、撮影を含むすべての観察を筆者が単独で行っている。一方、第4章以降の調査は共同研究として実施され、筆者を含め複数の調査者が撮影および観察を実施している（第4章の

検討場面の一部は筆者以外の調査者によって録画されたものも含まれている）。

第2章（映像データ分析）

　N療育センター（発達障害児を対象とした民間の療育施設）にて、療育場面の撮影および観察、データセッションを実施した。調査時期は、2007年4月〜2007年10月であり、隔週で調査を実施した。検討場面の撮影日は2007年6月中旬である。

第3章（映像データ分析）

　X養護学校（知的障害を対象とした公立の養護学校（現在の「特別支援学校」）にて、授業場面の撮影および観察を実施した。調査時期は、2002年6月〜2004年6月であり、週1回の間隔で調査を実施した。検討場面の撮影日は、2002年12月18日である。

第4章（映像データ分析）

　S公立小学校にて、授業場面の撮影および観察を実施した。調査時期は、2007年9月〜2008年4月であり、週1回の間隔で調査を実施した。検討場面の撮影日は2007年11月27日（場面1）、12月11日（場面2）、2008年2月19日（場面3）である。

第5章（エスノグラフィー）

　W公立小学校にて、特定のADHDとされる児童について、学校の参与観察を中心に、保護者・教師へのインタビュー調査の実施、授業場面の撮影および観察、ケース会議への参加および撮影、児童館の様子の撮影および観察等を実施した。調査時期は、2014年6月〜2014年12月であり、週1回の間隔で調査を実施した（ただし、調査の中断期間を含む）。第5章で使用するデータは、ADHD児の母親と祖母に対するインタビュー（2014年5月3日実施）、担任教師たちに対するインタビュー（2014年6月20日実施）、ADHD児童の登校時から下校時までの参与観察にもとづくFN（2014年7

月3日実施)である。

補章 (エスノグラフィー)

スイミングスクールにて、参与観察を実施した (観察日は、2014年8月23日。スイミングスクールでの調査はこの日のみである)。補章で主に使用するデータは、スイミングの様子を観察した FN であるが、一部、ADHD 児の母親と祖母に対するインタビュー (2014年5月3日実施) や共同研究者の別日の W 小学校での FN も使用する。

すべての調査機関はいずれも関東圏内である。なお、撮影した映像データをはじめ調査データについては、個人情報保護の観点から、機関名、個人名等を匿名とした上で、学術的な目的に限り使用することを各機関の責任者と約束した誓約書を交わしている (第2章に関しては保護者とも誓約書を交わし、第5章、補章に関しては保護者に口頭での使用の許可を得ている)。

3-2 トランスクリプトの凡例および補足

映像データ分析では、場面のトランスクリプトを使用する。トランスクリプトとは視聴覚情報を特定の記号 (トランスクリプト記号) を用いて転記したものである。ほとんどの場面で共有可能なトランスクリプト記号の凡例のみを下記に示すことにする (個別の場面特有の凡例は各章において示すことにしたい)[19]。

【凡例】
[　発話の重なりの開始、] 発話の重なりの終了、＝発話の途切れのないつながり、::: 音声の延ばし、! 強い調子での発話、↓直後の部分における音調の下り、? 語尾の音の上昇、(数字) 秒数分の沈黙、(.) ごく短い間、(　) 筆者による注記や補足

研究者による「トランスクリプトをする」という営みについて若干の補

足をしておきたい。各章におけるトランスクリプトを見ればわかるように、まずもって読み手はトランスクリプト自体を煩雑に感じるのではないかと思う。会話に加えて、複数の参与者の身体的行為も同期させていくと、トランスクリプトはさらに複雑なものとなってしまい、読み手を遠ざけてしまうこともあるように思う。本書では、分析に差し障りのない範囲で文章による説明や図で補足することによって、工夫したつもりではある。だが、「わかりにくさ」は完全には払拭できないだろう。もちろん、この点は今後も継続して工夫していくべきではある。だがその一方で、開き直るわけではないのだがトランスクリプトの簡潔化に限界を感じるほどに参与者の実践は複雑でもある。つまり、3次元の世界にある「映像」を2次元の世界で提示する「トランスクリプトする」という営みには、本質的な困難と限界が伴っている。また、ここには着目すべき論点もまた含まれている。それは、前節の2-3において「特定の場面における『障害の観察可能性』をめぐって『秘密裏に分析に導入されている』ようにみなせる事柄があったとすれば、それは分析者・探究者としての研究者が『恣意的に』行ったことではなく、実践的行為者としてその場に集うすべての参与者同士が社会秩序を現在進行形で達成するために互いに参照し合っている事柄でもある」と述べたこととも関連している。つまり、トランスクリプトすることが困難に感じるような場面であっても、研究者が「恣意的に」ではなく参与者の参照し合っている事柄を（まさに参照することによって）文字化することができるのは、研究者自身が社会のメンバーとして場面の参与者と同じ成員資格を有しているからである。したがって、トランスクリプトとは映像の客観的反映ではない。阿部は「会話データは（自分で構成したものであれ既成のものであれ）特定の社会的相互行為として整形され、特定の解釈・分析をガイドするような形であらかじめ分節化され構造化されたテキストでありうることを十分認識する必要があるだろう」(阿部 2008: 105) と述べる。つまり、トランスクリプトとは研究者がその場面をどのように「観た」のかを示している。その意味で、間違いなく1つの「データ」といえるのである。

　以上をふまえ、次章から障害児教育実践の経験的研究に着手することに

したい。

注

1 　もともとイギリス、アメリカを中心に障害学は発展してきたが、日本においても 1990 年代後半より石川・長瀬編（1999）、倉本・長瀬編（2000）、石川・倉本編（2002）を始めとする一連の著作の刊行によって、さらに 2003 年の「障害学会」の設立によって、障害学はアカデミズム内に浸透し広く知られるようになっていった。しかしながら、安積他（1990）、石川（1992）に示されるように、それ以前の日本でも障害学の蓄積は皆無だったわけではなく、「障害学」という軸が意識されてこなかったと指摘される（長瀬 1999: 29）。

2 　「文化モデル」とは集団としての障害者のアイデンティティに着目し「文化的な集団」として障害者を捉えていこうとする視点である（長瀬 2000: 24）。さらなる障害と文化との関係については、倉本（2000）にも詳しく述べられている。

3 　社会モデルは 1970 年代のイギリスで結成された「隔離に反対する身体障害者連盟（UPIAS）」からの異議申し立てに始まり、障害学をリードしてきた M. オリバーや V. フィンケルシュタインによって理論的に確立された。

4 　両モデルはともにディスアビリティを否定的に捉える点では共通しているが、原因の帰属先と働きかけの焦点が大きく異なる（星加 2007: 43）。社会モデルの功績は、障害の問題をインペアメントからディスアビリティへと明確に移行させ障害の社会的責任を明言した点、そして障害の社会的排除のメカニズムを解明する理論的枠組みを提供した点に集約される（杉野 2007: 118）。

5 　しかしながら、社会モデルでは「インペアメント」と「ディスアビリティ」という単純化された厳密な二分法的区分を前提としているわけではない。この点については星加（2013: 26-30）を参照してほしい。

6 　ところで、本書が「障害学的」であるのかどうかということとは別に、この領域の研究の蓄積状況に着目したい。イギリス障害学では、1986 年の時点で特別支援教育の領域に社会学的な関心があまり払われることはなく、このことを L. バートンは社会学者の「怠慢」（neglect）と表現している（Barton 1986=2014: 15）。その後、イギリスのもっとも主要な障害学研究誌である『障害と社会（Disability & Society）』では、後に言及するが教育をめぐる興味深い数々の論文が発表されていく（Lilley 2013；Allan 1996=2014; Veck 2012=2014）。一方、日本では、この『障害と社会』に収録された教育に関する重要論文が翻訳され 2014 年に出版されたが、このなかで

第 1 章　障害と教育への視点

監訳者の堀は、日本においても教育をテーマとしながらも世界的な障害研究の成果を踏まえたものが少ないことや、経験的な実証研究の蓄積が遅れてきたことを指摘している (堀監訳 2014: 2)。その意味では、バートンの述べる研究者の「怠慢」は日本にも該当するのであろうが、それは障害学内での教育研究に限定されたものではない。

7　バーガーとルックマンによる主張は「現実は社会的に構成されており、知識社会学はこの構成が行なわれる過程を分析しなければならない」(Berger & Luckmann 1966=2003: 1) というこの端的な言明に集約される。

8　S. ウールガーと D. ポーラッチによるいわゆる「OG (オントロジカル・ゲリマンダーリング、存在論上の境界線の恣意的設定)」問題の提起に端を発し、「厳格派」と「コンテクスト派」を発生させ、1980 年代から 1990 年代にかけて方法論レベルの論争が繰り広げられた。この点については、中河 (1999: 271-284) も参照してほしい。

9　その批判の段階は「X の社会的構成」が依拠する見解へのコミットメントの仕方に応じて論者によって濃淡があるものの、共通して「彼らが社会的構成物であると主張する何らかの X を、今日の体制におけるそのありようを含め嫌悪しており、それを批判したり変えたり潰したりすることに躍起になっている」(Hacking 1999=2006: 15) のである。

10　ラベリング論の礎を築いた H.S. ベッカーは、逸脱を「他者によって逸脱とみなされた行為であるかどうか」および「ある行為が一定の規則に同調しているかどうか」という 2 つの側面をもとに、逸脱を「正真正銘の逸脱」、「誤って告発された行動」、「同調行動」、「隠れた逸脱」の 4 つに分類する (Becker 1963=1993: 31)。そのベッカーの 4 分類について M. ポルナーは、ベッカーは逸脱の「常識的モデル」(いわゆる逸脱の実在論) と「社会学モデル」(構成論) を混同してしまっていると批判したのである (Pollner 1974)。つまり、ポルナーによれば、(ベッカーの述べるように逸脱が行為者の行為の性質ではないとするならば) 逸脱を判定する基準は「他者によって逸脱とみなされた行為であるかどうか」のみである。したがって、その 4 分類のなかでは特に「隠れた逸脱」(これは「他者が逸脱とみなしていない」にもかかわらず「規則に違反している」と位置づけられた逸脱行動である) が、他者の反応 (他者が逸脱とみなすかどうか) とは独立して逸脱が認定されており逸脱の「実在論」を招き寄せているというのである。そして、スペクターとキツセによって、そもそもベッカーのラベリング論は、個人的特性が逸脱者と非逸脱者の違いを説明するという考え方を放棄し逸脱の構成論へと可能性を開いたにもかかわらず、「従来の原因論の重荷をまったく捨てきったかたちでは述べられなかった」と総括されるのである (Spector & Kitsuse 1977=1990: 95)。

11　ここで前述した障害学と社会学的方法論との関係を補足すれば、障害学の社会モデルも「社会的障壁」や「福祉国家システム」を「社会」として射程におく限り実体的に障害を捉えているといえるかもしれない。ただし、それはあくまでも「モデル」という枠組みのなかであって、障害学という領域において社会構築主義やエスノメソドロジー的研究が成立しないということではない。

12　ガーフィンケルがエスノメソドロジーの着想を得たのは「何が彼らを陪審員にしているのか」という問いに導かれた陪審員の研究であったが (Garfinkel 1974=1987: 12-14)、「見られてはいるが気づかれていない」ということをさらに説明するのが、彼が行なったいわゆる「違背実験」という試みである。その実験を通して人びとが抱いている期待を破棄させて見せることによって、人びとが暗黙のうちに共通理解の背後にあると想定している「見られてはいるが気づかれていない」基盤を浮かび上がらせたのである (Garfinkel [1964] 1967=1989)。

13　「行為の意味」とは、その行為とカテゴリーの担い手との結びつきを指示している。より具体的には、ある行為が「障害児」というカテゴリーの担い手によるほかならぬ「障害ゆえの行為」としてその場の参与者に扱われているのかどうか (＝障害が観察可能となっているのかどうか)、扱われているとすればそれはどのようにしてなのか (＝どのようにして障害が観察可能になっているのか) に焦点をあてることになる。

14　サックスは「社会学的記述 (sociological description)」という論文において、次のように述べている。「人びとが社会的世界についての記述を生み出すにしても、社会学の課題は、それらを明確化することでもなければ、それを単に記録することでも、あるいはそれを批判することでもなく、それらを記述することにある」(Sacks 1963: 89)。

15　福留晶子 (1999) は参与観察やインタビューをもとに学習障害 (LD) 児が学校や家庭において抱える問題が周囲との関係で生み出されることを明らかにし、堀家由妃代 (2003) は、参与観察を通して通常学級に在籍する肢体不自由児とその児童をとりまく教師や他の児童、介助員とのやりとりを継時的に観察することで、統合教育実践の実際を明らかにしようとした。また、澤田誠二 (2003) は個人の「発達」と「平等」を両立させるため教師はさまざまなストラテジーを行使しながら形式的な平等を達成しつつも、児童間の能力差が大きいところでは能力別に児童を類型化することによって、(その意図せざる結果として) 児童にとっての相互作用レベルで社会的不利としての「障害」をもたらしてしまうことを示し、吉澤茉帆 (2008) は中学校における参与観察から「特別な支援を要する」生徒が他の生徒といかに相互作用を行っているのかに着目し、教室の秩序を維持するために児童たちが「回避」「注意」「からかい・

対抗」という方法をとっていることを明らかにした。また、末次有加（2012）は保育所における参与観察をもとに発達障害児に対する「特別な配慮」の実践が、集団保育場面で障害児を健常児から差異化させるのみでなく、両者の関係性を媒介する機能も有していることを明らかにした。そして、佐藤貴宣（2013）は盲学校におけるインタビュー調査と参与観察を通して、教師たちによるバウンダリー・ワークに着目し、教師たちがどのようにして視覚障害児の進路選択を方向づけ、普通学校とは異なる独特の秩序を有した盲学校のリアリティを構築していくのかを描き出した。これら以外にも、教育社会学において障害児教育に焦点があてられた初期に産出された堀家・釣井（1999）や特別支援教育に携わる教師の障害に対する関わりや認識を明らかにした吉澤（2011）や、医療化という観点から論じた木村（2006, 2015）等もある。

16　特に障害学における社会モデルと関連づけられる教育社会学的な障害児教育研究の蓄積状況については、志水・高田・堀家・山本（2014）における第3節「障害者と教育」に詳しい。このなかで教育現場や障害児当事者からあったはずの障害児教育における社会学的研究の要請に対して「教育社会学が門戸を閉ざし、いかなる障害児教育政策にも沈黙を保つことで、戦後障害児教育の心理・医療化は強化されたといっても過言ではないだろう」（志水他 2014: 146）と指摘されている。その意味では、社会学者の「怠慢」（neglect）（Barton 1986=2014: 15）は国内の教育社会学者にも該当する。

17　映像データ分析による研究は、教育社会学の領域においても蓄積されてきた。それらの多くはエスノメソドロジーに依拠した研究実践として組織化されているといえるが、特に日本の教育社会学において着目すべきは、それらの研究がビデオカメラというテクノロジーによって可能となった特性を生かすなかで、「決定的な場面を直接に見る」ことへの「こだわり」をもって展開されてきた点である（清矢 1998）。具体的な研究実践として、1980年代にエスノメソドロジー的研究として映像データが直接的に分析の対象とされて以降（山村 1983, 1986; 清矢 1983; 等）、1990年代に入りエスノメソドロジーへの理解が進展し方法論として精緻化されるなかで数多くの経験的研究が蓄積されてきたが（秋葉 1995, 1997; 大辻 2003, 2006; 芝田 2005; 森 2009, 2011, 2014; 等）、前述の「こだわり」は、それぞれの研究実践において論調や方向性に違いは見られるものの、共有されているように思う。そのようなこだわりは、教育社会学の領域におけるエスノメソドロジーの導入・展開の経緯同様に、映像データ分析もまたエスノメソドロジーという枠組みそれ自体の発展や厳密な適用を志向してというよりも、むしろ教育現象や社会化や発達という現象に寄与する「教育の社会学的研究」としての関心に導かれて展開されてきたことに関連する。

18　なお、本書では映像データの分析を進めていく上で、フィールドワークやインタビュー、データセッション等を通して得たエスノグラフィックな知識もまた、有益な「資

源」であると考えている。

19　トランスクリプトの記号については、原則的にはいわゆるジェファーソンシステム
　（Sacks, Schegloff, and Jefferson 1974）における表記に基づいている。

第2章
自閉症児の言語獲得をめぐる相互行為系列
──療育実践場面の分析を通して──

　本章では「療育」という学校外で行われる障害児教育実践に着目する。療育での実践には、これまで学校教育同様の関心が払われてはこなかった。だが現在、障害のある児童生徒の多くが、何らかの療育施設と関わりをもっているといえる。療育は、その施設の根ざす理論やモデルに応じてさまざまな実践の方向性があるだろうが、あらかじめ述べるならば、本章で取り上げる「療育」は障害の個人モデルに近しいやり方がとられている。本章では、そのような実践のあり方を直ちに批判するのではなく、そこでのやりとりを通して、療育という場に特有な形で「障害」や「できなさ」を産み出す相互行為のあり様を読み解いていくことを課題としたい。

―――――――――――――――――――――――― 第１節　はじめに

　自閉症児には、コミュニケーションを困難とさせるような独特の言語運用上の問題が存在することは広く指摘されている。自閉症児の言語発達や獲得に関しては、いまだ解明されていない部分も多いとされるものの、脳機能の障害が関わっているとされ、音声言語の理解や表出、ノンバーバルコミュニケーションの獲得、共同注意の発達、象徴機能の能力における問題性が指摘されている。またそのような言語の問題は具体的に、反響言語、一方的な発話、能動受動の間違い、TPO があってない、文字づらを捉えてしまう、抑揚の異常等の問題として示される (日本自閉症スペクトラム学会編 2005; 他)。

57

このような理解のもとで、言語能力の発達は自閉症児・者に対する教育的・治療的プログラムの主要なねらいとされてきたのだが、その担い手の1つが「療育」である。療育は、障害のある乳幼児の「早期発見・早期治療」を目的として発展し、一般的には「治療教育」の略称であり「障害の軽減・改善と発達の促進を目指した支援」(松山・米田編 2005: 50) であるとされる。療育は医療・福祉・教育の連携によって行われる事業として、公的か民間かを問わず病院や保健所、通園施設等の多様な施設で実施されており、医師や言語療法士、臨床心理士や教師などの多くの職種が関わっている。「療育」といっても理論的立場に応じて取り組みは多様であるが、自閉症の場合、社会性・対人性の障害、コミュニケーションの問題等を評価尺度を用いて診断した上で、それに応じた個別の療育プログラムが実施される (西脇 2003; 等)。

　そのように定義される療育については、数多くの実践報告がなされているが、医学的、心理学的な理解のあり方に着目し、診断基準やアセスメントの手法に従うとするならば、たしかにわれわれは自閉症児の言語能力というものを客観的に測定可能・評価可能なものとして扱うことができ、そこに何らかの認知・機能的な欠陥との相関関係を見い出し得るかもしれない。その限りにおいて、「自閉症児の言語の問題」は実在している。

　しかしながら、医学的、心理学的に測定されるのとは別の次元、つまり「社会的」な場面においては、この「問題」を (脳) 機能の欠陥に還元することはできない。というのも、自閉症児の言語の問題は、ある特定の言語使用に関して適切に「言うことができない」、あるいは「(言うべきではないのに) 言ってしまう」などの社会的文脈があってはじめて、まさしくそれとして、つまり「問題」や「困難」あるいは「障害」として立ち現れるからである。いいかえるならば、前田泰樹 (2002: 72) が失語症について述べるのと同様に、能力のあり方を管理していくことは、障害児の心理学や生理学の問題である以前に、何よりもその場の参与者自身にとっての問題といえるのではないだろうか。

　本章は、このような問題関心を出発点として、自閉症児の言語獲得の一

側面を相互行為系列に着目しつつ検討しようとしている。すなわち、ある特定の自閉症児の言語能力はどのようにして焦点化され、しかるべき方向性へと枠づけられていくのであろうか。療育という1つの障害児教育の場において、自閉症児に対して言語的社会化をなしとげていく実践を実際の場面をもとに読み解いていくことにしたい。

　なお、本章にとっての理論上の先行研究は後節で述べるが、障害と言語やコミュニケーションという観点からは特に、C. グッドウィン (1995) と前田 (2002) をあげておきたい。グッドウィンは、脳梗塞で倒れ重度の失語症を患うことになった男性と妻や介護者との家庭におけるやりとりを分析する。その男性は言語訓練を受けたが、13年たっても Yes、No、And の3語しか話すことができるようにならなかった。したがって彼の言語的リソースは大きく制約されてはいる。だが彼は、発話の際にイントネーションを変更したり、顔の表情を巧みに用いながら、それら3語を他の参与者の発話に結びつけていき、それに周囲も積極的に応えていく。そうすることによって、たとえ自らの言語能力では一見困難に思えるような活動(たとえば「自分が食べたいもの」を主張する)を行い、その相互行為にそのつど適切な形で能力あるメンバー (competent member) として参加していくのである。前田もまた高齢の失語症者を対象とし、言語療法においても free talk と訓練がなされている場面を対比的に論じながら、free talk よりもむしろ訓練という問題を特定化していくような活動において、応答の主体、評価の客体であるような「個人」がつくり出されていくなかで、参与者の言語能力が焦点化されることを明らかにしている。

　両者に共通するのは、第1に、失語症者が抱えるコミュニケーションの問題を、障害を有する当事者のみに帰属される問題とみなす視点を棄却した点、第2にそれに関連して「コミュニケーション」を広い意味で捉えて「相互行為に参加すること自体の意義」(前田 2002: 72) に着目している点である。本章は両者の研究に示唆を得ている。しかし本章では、相互行為への参加「以上」のことが求められる場面を検討しようとしている。もちろん、それが求められるのは、検討する場面とそこで行われている活動の違

いと大きく関わっている。だが「高齢の失語症者」と「自閉症児」という検討対象の違いは、「能力」に対する期待の違いと結びついており、それこそが実践のあり様と深く結びついている。

第 2 節　療育施設の紹介と IRQAE 系列

2-1　療育施設の紹介

　調査を実施した N 療育センターは、発達障害児に対する療育を主な事業とする民間施設であり、「運動機能の発達」、「認知の力、言葉の力を高める」、「身の回りのことを自分でできるようにする」ということがプログラムの中心となる。幼児と学童期低学年を中心に約 40 名の子どもたちが週 1 回の割合で通っている。ほぼ全員が「広汎性発達障害」か「自閉症」という診断を受けている (調査当時)。1 回の療育で 1 室に 4 名の子どもに対して 4〜5 名の療育者がつき、グループ指導を行うこともあるが、基本的には個別指導が行われる。療育の様子を保護者は自由に見学でき、療育後に担当療育者から説明を受けたり、家庭での対応等について相談をしている。療育者はいずれも、言語聴覚士を中心に、精神保健福祉士、社会福祉士、保育士のいずれかの資格を有している。

2-2　IRE 系列から見た IRQAE 系列

　次節以降の分析のために、ここではある会話の系列 (sequence) を取り上げたい。それは、N 療育センターでほぼいずれの療育者と子ども間においても頻繁に行われる、ある特徴的な形式をもつやりとりである。その形式に着目するために、「隣接対」(adjacency pair) という観点からそれぞれの発話を捉えることにしたい。隣接対とは、「質問」と「応答」、「挨拶」と「挨拶」というように、2 つで 1 組の対として類型化される会話から構成され、次のような特徴を備えている (Schegloff & Sacks 1972=1995: 185-190)。①2 つの発話からなり、②それらは隣接した位置に置かれ、③別々の話し手

によって生成される。さらに、④対の最初の成分（第1成分）と2番目の成分（第2成分）との間には相対的な順序があり、⑤一方が他方を特定化する。下記では、隣接対から発話を捉えたのが右側の【　】である。

《場面1「マット」》	〈隣接対からの検討〉
01 療育者：マットをもってきてください。	【依頼】
02 子ども：はい。	【承諾】
03 療育者：何もってくるの？	【質問】
04 子ども：マットです。	【応答】
05 療育者：せいかーい。	【評価】
06 (子どもはマットをとりに行く)	

　上のやりとりでは、【依頼】－【承諾】、【質問】－【応答】がそれぞれ対になっているが、筆者はこのやりとりにある違和感を抱いた。それは01・02において参与者に共有できたと考えられる事柄を03で再度問い、04で従順に応答している点である。通常、01【依頼】を02【承諾】した後、次にやってくるのは06の具体的な行為であるように思う（もし03の質問がなされたとしても、それに対するもっともらしい応答は「さっき言ったよ」等の「疑問」や「非難」であり得るように思う）。つまり、03・04の【質問】－【応答】がなされ、さらに05に【評価】までもがやってくるという点に、何らかの特別な活動が遂行されていることを直観したのである。

　H. メハンは、「授業」が会話の系列を通じてどのようにつくりだされているのかを検討し、教師－生徒間で授業を組織化していく相互行為のあり方を「IRE系列」として提示した (Mehan 1979)。IRE は、教師による開始 (initiation) －生徒による応答（reply）－教師による評価（evaluation）という3部から構成され (3成分IRE)、2つの隣接対を含んでいる。開始と応答が第1の隣接対であり、これが完了すると「開始＆応答」は第2の隣接対の第1成分になる。そしてその第2成分に、「開始＆応答」の対が完了したことに対する評価がくる (Mehan 1979: 54)。これを図示すると次のようになる（メハンによる図 p.54を一部修正して抜粋）。

61

【IREの例】

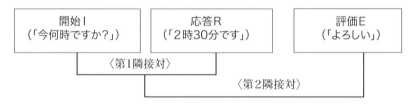

　3成分IREにしたがえば、場面1は03が「I」、04が「R」、05が「E」に該当すると考えられるかもしれない。だがそうすると、01と02の依頼と承諾はどのように捉えられるであろうか。N療育センターで頻繁に観察されるこの種のやりとりは、その時々に応じて「マット」が「筆箱」や「座布団」であったり、01の「依頼」が「おやつを食べましょう」という療育者からの「誘い」であったりするものの、質問（03）－応答（04）－評価（05）の前には01と02の「依頼（or誘い）」&「承諾」という対が必ず存在し、その後に重複する内容の03「質問」が続くのである。はたしてこのような特殊なやりとりのあり様は、何を意味するのだろうか。

　メハンは、3成分IREが拡張された系列（extended sequences）についても論じている。これは要求された適切な応答が開始の次のターンでなされない場合（たとえば、生徒の「沈黙」や「誤答」である）、教師－生徒の相互行為は開始と応答の対称性が確立されるまで継続されるのであり、教師はそのためにさまざまな戦略を用いてIREを拡張していく（Mehan 1979: 54-55）。拡張IREをもとにすれば、むしろ場面1の01が開始（I）、02が応答（R）であって、03と04はその拡張（I'&R'）であるとみなせるかもしれない。つまり、I－R（－I'－R'）－E系列である。

　だが、場面1を拡張IREと位置づけた場合、02で子どもは療育者が求める適切なRを即座に応答しており（この時点で3成分IREの要件を備えている）、なぜ療育者はあえて拡張を試みたのかという点に疑問が残る。また、最初のIは「依頼」や「誘い」であったりするものの、03にくるのは、「も

う1回言ってごらん」などの「繰り返しの要請」などではなく、必ずといってもよいほどに「質問」の形式なのである。しかも、その質問は子どもがすでに適切に回答しているはずのことを問うのである。つまり、場面1において、03の Q は単なる IR (E) の拡張ではなくその系列でのみ問うことが可能となる、その場の実践において欠かすことのできない手続きを構成していると考えられるのである。そこで本章ではこの系列を「IRQAE系列」と位置づけて、それが何を意味するのかを論じていくことにしたい。

　IRQAE 系列は、N 療育センターではほぼルーティン化されたやりとりとして行われている。ほとんどの場合は IRQAE をスムーズに展開させることができ、途中でトラブルが発生した場合でもごく簡易な修正で完了する。だが次節で検討するように、IRQAE が「失敗」する場面もある。それが「失敗」であることは、後のデータセッションにおいて「もっと早く収拾させる別のやり方もあり得た」という意見が療育者間で共有されたことからも伺える。だが、「失敗」であることは、相互行為のあり様それ自体が示していることでもある。そしてそのような「失敗」こそが、療育という場での言語獲得をめぐる人びとの実践のあり方を示しているように思われるのである。

―――――――――――――― 第3節　繰り返される IRQAE 系列

3-1　検討場面の説明と提示

　これから検討する場面には、療育者である田中と西野、そしてケンという自閉症児が登場する。ケンは小学2年生で特別支援学級に在籍している。調査時点で「広汎性発達障害（自閉性障害）」という診断を受けており、「中度」の知的障害も伴っているとされる。N 療育センターには約3年通っており、西野が担当である。彼は文字で示されると比較的容易に理解できるが、耳から入ってくる言葉には「弱い」という（療育者への聞き取りより）。場面の直前、田中と西野が長縄をまわし子ども4名（いずれも小学校1～3年）

に目標とする数まで跳ばせていたのだが、ケンだけ目標（20回）に達することができず何度もやり直していた。ようやく彼が跳べた頃には、他の子どもたちはおやつの準備にとりかかっており、田中は最後までがんばったケンをほめた後、担当療育者である西野に「おやつを食べてもいいか」と聞くようにケンに指示するところから場面が始まる。

【場面2「おやつをたべてもいいですか？」】

【凡例】
〈急いで発話が始まっている状態、nod うなずき、– 言葉の途切れ
＿＿＿ ゆっくりとした調子ではっきりと発話している状態
なお、議論の明瞭化を図るために、相互行為のまとまりに①〜⑤の番号を、③までIRQAE に該当すると思われる顕著な発話にそのアルファベットを表記した。

①	I	1田中：おやつをたべられるかどうか西野先生に聞いてください
	R	2ケン：はい
		3田中：わかった？
		4ケン：はい
	Q	5田中：西野先生になんて聞くの？
		6ケン：西野先生
		7田中：何を聞くの？
		8ケン：聞く
		9田中：何を？
	A	10ケン：西野先生と ［　　　　　］ いっしょに＝
	E	11田中：　　　　　　［うん nod］　　　　＝そんなこと ［いってな ::: い：
		12ケン：あ ::::::::(泣き出してしまう)
┄	┄	省略。この間、田中はケンを泣きやませ、「ひっくひっく」というケンのしゃっくりが止まるまで待つ。
②	I	19田中：じゃあおやつを (.) たべ (.) (　てもな) おやつをたべられるかどうか (.)　　　西野先生に 聞いてください
	R	20ケン：〈はい
	Q	21田中：西野先生になに - 何を聞くの？
		22ケン：西野先生
		23田中：何、何を聞くの？
	A	24ケン：西野先生と ［　　　　　］ いっしょ＝
	E	25田中：　　　　　　［うん nod ］　　　　＝そんなこといってな ::: い！
		26ケン：あ：　　［::::::: (.) あ :: ［:::::::::::::::::::::::(声をあげて泣く)
		27田中：　　　　［あれ？　　［あれ？ (ケンの顔をのぞき込む)

第 2 章　自閉症児の言語獲得をめぐる相互行為系列

		28西野：おやつを先に
		29田中：〈え？
		30西野：おやつを先にいっちゃった方がいいかもしんない
		31田中：〈わかりました
		省略。離れていたところにいた西野がケンに近寄り、ケンの鼻をかむ。その後、西野はケンに鏡を見せて、「いい顔してみていい顔」とケンを泣きやませる。それがすむと西野は再度その場から離れる。
③	I	45田中：西野先生に、お-や-つ-をたべても-いいですか。聞いてください。
	R	46ケン：はい
	Q	47田中：西野先生になんて聞くの？
	A	48ケン：西野先生西野先生おやつをもらいに (.) ください
	E	49田中：＝え ::::(顔をしかめる)
		50ケン：わ ::::::　〔:::
		51田中：　　　　　〔泣いてたら一生たべらんないぞ ::。おちついて聞きなさい
		52ケン：はい
④		53田中：西野先生に :: (.) お-や-つ-を-たべてもいいですか
		54ケン：〈もういいよ
		55田中：もういいよじゃなくてさ (うなだれるようなジェスチャー。もう一度ケンの顔を見て) おやつ （.) いってごらん。お〔やつを〕たべても＝
		56ケン：　　　　　　　　　　　　　　　　　〔やつを〕　　　　＝
		たべても＝
		57田中：＝いいですか
		58ケン：いいですか （.) いい〔 (で)
		59田中：　　　　　　　　　〔きくんだよ
		60ケン：はい
		61田中：西野先生になんて聞くの？
		62ケン：西野先生
		63田中：お-
		64ケン：お
		65 （1.0)
		66田中：おや-
		67ケン：おやつを （.) たべます
		68田中：うえ ::::::::(天井を見上げる)
		省略。泣くケンを田中は泣きやませようとする。最終的にゆっくり 5 数えるうちにケンは泣きやむ。

72田中：はいおっけ:::。いいね。はいじゃあ聞くよ。西野先生に (.) <u>お (.) や (.)</u>
　　　　　<u>つ</u>をたべてもいいですか＝

73ケン：：＝いいですよ

74田中：それをいうのは西野先生です＝

75ケン：＝西野先生です。

⑤

76田中：くち (.) まだ閉じなさい (ケンの唇をつまむような形で触れる) おや
　　　　　つをたべてもいいですか (1.0) 西野先生に聞いてください。西野先生
　　　　　になんて聞くの？ (ケンの唇に指で触れてから手を離す) おや‐

77ケン：おやつを [　　　] もら

78田中：　　　　[nod]　　〈ちがう (.)

79ケン：西野先生に

80田中：〈たべ‐

81ケン：たべます

82田中：〈ちがう (.) そ::ゆ::じこしんこくじゃないの。
　　　　　おやつを (.) たべても (.) いいですかなんて聞くの？

83ケン：ママ

84田中：ママは関係ないでしょ::いま:::。おやつを (.) たべても (.) いいで
　　　　　すか＝

85ケン：＝いいですよ

86田中：〈ちがう。先生のいったことまねをしてください

87ケン：田中先生

⑥

88田中：〈しっ。おやつを (.) たべても (.) いいですか。いってごらん。

89ケン：おやつを [　　　] たべます＝

90田中：　　　　　[nod]　　　　＝ちがいます。たべ‐おやつを (.) たべて
　　　　　も (.) いいですか (.) いってごらん (.) はい〈お::

91ケン：おやつを [　　　]

92田中：　　　　　[nod] <u>た::</u>

93ケン：たべて

⑥

94田中：〈<u>も::</u>

95ケン：も

96田中：(「い」のくちまね)

97ケン：い::ですか

98田中：〈そ::だよ。そういうふうに西野先生に聞くの。わかった？

99ケン：はい

100田中：じゃあ西野先生にいってきてください

3-2 IRQAE 系列における失敗——参照される理解力

　上記の場面をどのように見ることができるだろうか。IRQAE 系列という観点から見るならば、98 で田中の「そーだよ」が出るまで E（積極的な評価）に容易には到達できずに、消極的な評価の E ばかりがなされる IRQAE 系列が反復している構造として見ることができるだろう。それらを概括的に示したのが下記である。

	I	R	Q	A	E
①	ターン 1	2	5	10	11
②	19	20	21	24	25
③	45	46	47	48	49

・部分的な応答やその明確化を促す発話等が挿入されている箇所もあるが、原則的に IRQAE 系列を遵守するという秩序だった形式がとられているとみなせる（トランスクリプト左側の表記も参照）。
・④以降も以降もこの系列に基づくが、3.4 で参与者間のより複雑な実践として記述するためここでは省略する。

　ほとんどの場合、「西野先生に何て聞くの」という田中の Q に、ケンは適切に答えることに失敗する。この場面を「『おやつの許可を得る』練習という活動」が行われていると見るならば、ケンが「はい」と承諾した後田中がただちに西野に向かわせずにあえて Q を行うがゆえにケンは「失敗」してしまう、あるいはこのような実践のやり方の方が「失敗」であると思うかもしれない。しかしながら、そのように結論づける前に、この場面における IRQAE 系列が療育者とケンにとっていかなる意味を有しているのかを検討してみよう。

　阿部は幼児−大人間に特有の非対称的な会話の一形式として、〈A − Q − A〉系列をあげている（阿部 1997）。これは問いかけをしようとする相手がすでに提示している事柄を問い、また同じ内容を改めて答えるというやりとりである（たとえば、01 幼児「ポンキッキだね」−02 大人「これなーに？」−03 幼児「ポンキッキ」というようにである）。AQA 系列は、質問者と応答者の知識状態という点から分類すると、通常の質問が「質問者の知識：なし−質問者が想定する応答者の知識：あり」であるのに対して、AQA 系列は「質問者の知識：あり−質問者が想定する応答者の知識：あり」というように分

類できる。

　IRQAE 系列も、IR によって A が達成されているとみなせば、AQA 系列の I 類型とみなせるかもしれない。だがその一方で、IRQAE と AQA では、前者が後者の最初の A とは異なって I と R という 2 者間の協働作業がなされているという点に、決定的な違いがある。そしてそのことこそが、参与者にとっての IRQAE 系列の意味やその系列においてなぜ他ならぬ Q 形式が後続するのかという点に関わっていると考えられるのである。場面 2 の表中の②で検討してみよう。

	I	19田中:じゃあおやつを (.) たべ (.) (　てもな) おやつをたべられるかどうか (.)
		西野先生に 聞いてください
	R	20ケン:〈はい
	Q	21田中:西野先生になに - 何を聞くの？
		22ケン:西野先生
②		23田中:何、何を聞くの？
	A	24ケン:西野先生と [　　　　] いっしょ＝
	E	25田中:　　　　　　[うん nod]　　　＝そんなこといってな ::: い！
		26ケン:あ:[::::::(.) あ ::[::::::::::::::::::::::::(声をあげて泣く)
		27田中:　　　[あれ？　　　[あれ？ (ケンの顔をのぞき込む)

　19田中「じゃあおやつを食べられるかどうか、西野先生に聞いてください」という「I」に、20ケンは「はい」と「R」を応答する。それに対して 21田中「西野先生に何を聞くの」と「Q」がなされ (その間に、22部分的な解答、23明確化を促す再度の質問を挟んで) 24ケン「西野先生と一緒」と「A」を答えるが、それに対して 25田中で「そんなこといってなーい！」と否定的な評価「E」がくだされる。

　この時、田中とケンの知識状態は IR を経て Q がなされている以上、AQA 系列同様に「質問者の知識：あり－質問者が想定する応答者の知識：あり」と分類可能であるかもしれない。しかしながら、Q に対して適切な A を答えられない時その分類は崩壊するのである。つまり、I に対して適切な R (「はい」) を即座に応答できたとしても、続く Q に対して適切な A を述べることができないとすれば、それはあくまでも主張 (クレーム) を掲

げるだけであって、それだけでは「私が理解している」ということは確立できないのである (Coulter 1979=1998: 78-79)。

　そうである以上、IRQAE において適切な A を答えられない場合には、遡及的に R までもが危機にさらされる (「わかってもいないのに『はい』と言った」とみなされる)。ただし、R が「はい」という適切さの「見かけ」を備えているために、A は適切性を獲得するまで何度もやり直しをさせられるが、R 自体はその不適切性を直接的には追求されない (たとえば、R で「はい」と答えたところを即座に「はいじゃないでしょ」などとは言われないのである)。しかしながら、その時療育者は、IR を通して「理解しているという見かけ」が成立した場合の、「はい」という言葉の背後に投影される子どもの「理解力」を参照していると考えられるのである。つまり、R で「はい」と応答したとしてもその次の Q に答えられないということは、「はい」が──あたかも刺激に対する反応であるかのようであって──本来的な意味で「はい」を獲得しているといえるために必要な能力が欠如していることが示されるのである。このように考えると、IRQAE において他ならぬ Q が──しかも yes-no 形式ではなく wh- 形式で「何を」に答えねばならない形で──配置されるのは、R と A の両方において適切な発話という意味での言語とそれを獲得しているといえるための「理解力」を有意味に提示するための「方法」を、子どもが自ら答えることを通して獲得させるためであると考えられるのである。

　ある場面における「失敗」は、その場面がいかなる活動を行っているのかを同定するからこそ認識できることである。だが、そこでの活動がいかなるものであるのかは、(トランスクリプトの読者を含めた) 観察者が決定する性格のものである以前に、場面の登場人物自身が示し合っていることでもある。この観点から先の場面を「素直」に見るならば、ここで行われている活動は、単に「『おやつの許可を得る』練習」というよりはむしろ、それを 1 つの材料として「自分がこれから行うことを (田中に) 述べる」あるいは「むやみやたらに『はい』と言わない」という意味での言語獲得の練習であると理解できるのである。あくまでもそうした活動との結びつきのなか

で、ケンが適切なAを答えることに幾度も失敗する時、Qは彼の言語能力の「問題」を有徴化させる実践として機能するのである。

3-3　療育者の失敗——「環境」の問題性と相互行為における齟齬

　ケンの「失敗」は適切なAを答えられなかったことにあるといえたとしても、この場面において彼ばかりが失敗しているとは言い難い。だがそれは前述したようにこの場で行われる活動の性質を考えるならば、必ずしもIRQAE系列におけるQの指し手それ自体にあるわけではない。とするならば、IRQAE系列を使用しつつ言語獲得を練習させる上で、療育者の「失敗」とは何であるといえるだろうか。それを考えるために、ターン28〜31に着目したい。

28西野：おやつを先に
29田中：〈え？
30西野：おやつを先にいっちゃった方がいいかもしんない
31田中：〈わかりました

　西野の30は、ケンが「なぜ失敗するのか」に対する田中への説明であると同時にやり方の変更を促すインストラクションとなっている。それを受けて田中は、それまでのI（「おやつをたべられるかどうか西野先生に聞いてください」(1)・「じゃあおやつを、たべ、(てもな) おやつをたべられるかどうか、西野先生に聞いてください」(19)）から45のように「西野先生に、お-や-つ-をたべても-いいですか。聞いてください」へと変更している。だが、西野はなぜ「おやつを先に……」という指示を出したのか。後のデータセッションにおける療育者たちの発言からするならば、西野の指示に次のような「理由」を見い出すことができる。以下は、それらの発言を要約的に抜粋したものである[1]。

　そもそも「〜かどうかという指示自体が難しい」上に、「She said that〜という複文の形になってしまっている」から、「that の中だけを取り出して、西野先生に○○と聞いての○○だけを抽出して示した方がわかりやすい」。

そして以前に西野は「that 内だけをまずは伝える」ということをケンに対して行っていたのだという。

大辻（2006）は IRE 系列をもとに「教師による質問－生徒による誤答－（積極的な）評価」という系列をもち、「試行錯誤しつつ自力で正解に到達する」という学習経験を導く教育実践を「typeM」と称して論じている。場面２が typeM であるというわけではないが、本章にとって興味深い点は、教師が、生徒の「自力による正解」を得るために質問内容を操作し、それによって生徒の知識状態に合わせた「課題の調整」を行うという点である（大辻 2006: 162）。田中が45でＩを変更するとき、それは系列の導入部分を単に変更したというわけではない。おそらく西野の30を受けて、ケンの能力に合わせた課題の調整としてＩの再定式化を行ったのである。しかしながら、同時に、西野のインストラクションは、最初のＩの難易度の設定を誤り、ケンの２度の失敗に直面しつつもそれを変更しない田中の「失敗」を指示する指し手ともなっているのである。

さらに続けて、Ｉが再定式化された③以降の「失敗」を、データセッションでの発言も頼りにしつつ検討することにしたい。セッションにおいて療育者たちが場面２の率直な感想としてあげたことは、前述したように「別のやり方もあり得た」というものであった。その意味するところは、この場面においてケンが適切な Ａ を述べることに「どのように失敗しているのか」という点に関係する。以下は、場面２から、田中の発話（左側）を受けたケンの発話（右側）を抜粋したものである。それらすべてで、ケンは田中の望むような応答をできず「失敗」している。

	〈田中〉	〈ケン〉
③	47「西野先生になんて聞くの？」	48「西野先生おやつをもらいにください」
④	66「おやー」	67「おやつを食べます」
⑤	72「おやつを食べてもいいですか」	73「いいですよ」
⑤	80「食べー」	81「食べます」
⑥	84「おやつを食べてもいいですか」	85「いいですよ」
⑥	88「おやつを食べてもいいですか、いってごらん」	89「おやつを食べます」

上記のケンの「失敗」には、ある共通点がある。それは、発話が西野にではなく田中自身への「返答」になっているという点である。療育者たちは、田中は自らを介在させて西野へという3者を想定して指示を出しているが、ケンは田中と自分という2者関係で捉えているという。したがって「ケンからすれば田中が『食べてもいいですか』って聞いてくるから『いいですよ』」と「筋が通っているはずなのにだめ」ということになり、「『食べ』と言われたから、こっちは食べたいと思って『食べます』って言ったのに違う」ということになり「混乱」してしまった（その結果が83「ママ」でもある）。さらにその混乱の原因は、彼らの位置関係にあり、「早く収拾させる」ためには「療育者側が2者関係をつくり出すべきだった」というのである。

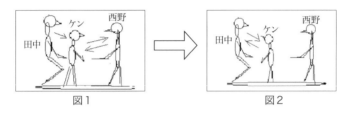

図1　　　　　　　　　　図2

　たしかに場面のほとんどは図1の位置関係で進展している。ケンからすれば西野は視界に入らない。それでは「耳から入ってくる言葉には弱い」ケンには困難である。そこで図2のように3人の身体配置を変更し、ケン－西野という2者関係を可視化させた上で、田中の支援のもとで彼の適切なAを引き出すべきだったというのである。これがあり得た「別のやり方」であり、この場面における療育者の「失敗」と彼らがみなした理由でもある。

　このような療育者たちの「説明」それ自体も興味深いが、それ以上に着目すべきは、そのようにして明らかになった2種類の療育者側の「失敗」が指し示す事柄にある。第1には、有徴化されるケンの能力性と同時に、療育者側の「失敗」も明示される時、「できなさ」の帰属に変更が生じる。もちろん、ケンの言語能力における欠如を前提としてはいる。だが、療育者の指し手や身体配置の指摘は、能力に対する「環境」ともいい得るような事柄の問題性を浮かび上がらせるのである。第2に、Aの産出にお

ける失敗はケンの「内部にある能力」の欠如として扱われる一方で、やりとりを2者関係で捉えるケンと3者関係で捉える療育者との間に生じる相互行為上の齟齬として提示された点にある。場面2においてケンと療育者はそれぞれが「失敗」しながらも、相互行為上の齟齬を埋めようとIRQAEを何度も繰り返していたのである。以下では、その後彼らがどのようにIRQAEを「成功（完了）」へと導いていったのかをさらに検討していこう。

3-4　IRQAE系列の協働的な達成──「失敗」から「完了」へ

④以降、田中のやり方に大きな変化が生じている。

	53田中：西野先生に :: (.) お-や-つ-を-たべてもいいですか
	54ケン：〈もういいよ
	55田中：もういいよじゃなくてさ (うなだれるようなジェスチャー。もう一度ケンの顔を見て) おやつ (.) いってごらん。お [やつを] たべても＝
	56ケン：　　　　　　　　　　　　　　　[やつを]　　　　　＝たべても
	57田中：いいですか
	58ケン：いいですか (.) いい [(で)
	59田中：　　　　　　　　　　[きくんだよ
④	60ケン：はい
	61田中：西野先生になんて聞くの？
	62ケン：西野先生
	63田中：お-
	64ケン：お
	65 (1.0)
	66田中：おや-
	67ケン：おやつを (.) たべます
	68田中：うえ :::::::(天井を見上げる)

　55田中は、はじめて「いってごらん」というケンへの直接的なインストラクションを導入し、「おやつを食べても……」とケンを先導していくのである。もちろんそれは、直前、Iの提示を試みた53田中に対して、54ケンが即座に、しかも要求とは異なる形で応答してしまい、③までは成立していたI－Rですらここでは失敗に終わったことと関連している。だがともかく、ケンは田中に追従しつつ協働してIを述べていくのである (56

〜58）。そのようにして導入された I に対する 60 ケンの R「はい」を確認して、61 田中は Q「西野先生になんて聞くの？」を提示する。この後またしてもこれまでにはない田中のインストラクションが導入される。それは A を述べはじめた 62 ケンに対してなされた 63 田中の「ヒント」であり、「お」と次に述べるべき単語の語頭のみを提示する。それに 64 ケンは従うが、その次に何も発話されないのを待って、66 田中はさらなるヒントとなる「おや -」を導入する。それにもかかわらずケンは適切な A を答えることに失敗してしまう (67)。続いて、⑤を見ていくことにしたい。

⑤	72 田中：はいおっけ :::。いいね。はいじゃあ聞くよ。西野先生に (.) お (.) や (.) つをたべもいいですか＝
	73 ケン：＝いいですよ
	74 田中：それをいうのは西野先生です＝
	75 ケン：＝西野先生です。
	76 田中：くち (.) まだ閉じなさい（ケンの唇をつまむような形で触れる）おやつをたべてもいいですか (1.0) 西野先生に聞いてください。西野先生になんて聞くの？（ケンの唇に指で触れてから手を離す）おや -
	77 ケン：おやつを 〔 　 〕 もら
	78 田中：　　　　〔nod〕 〈ちがう (.)
	79 ケン：西野先生に
	80 田中：〈たべ -
	81 ケン：たべます
	82 田中：〈ちがう (.) そ :: ゆ :: じこしんこくじゃないの。

　⑤も前半は④と同様である。72 田中は I の導入を試みるが、73 ケンは 2 者関係として田中へ向けた返答をする。それに 74 田中の否定が続くがそれすらケンには「通じていない」ようである (75)。76 田中がケンの口をつまみ「物理的に」ターンを奪ったのは、この食い違うやりとりを一度停止させるためと思われる。そして④まではケンによる R の応答（「はい」）を待っていたが、76 ではそれすらも省略し、田中は一気に I から Q へと進行させる。その上で「おや」とあらかじめヒントを与えて A を促し、田中はうなずいたり (78)、ケンが多少とも間違う可能性を示唆したならば (77) すかさず否定し (78)、80 のヒントまで協働的に適切な A を答えら

れるよう導いていくのだが、81ケンは④と同じ失敗を繰り返してしまう。そこで田中は82で否定した後、ただちにIとQを連続して提示する（下記の⑥1行目「おやつを (.) たべても (.) いいですかなんて聞くの?」）。

⑥	おやつを (.) たべても (.) いいですかなんて聞くの?
	83ケン：ママ
	84田中：ママは関係ないでしょ :: いま :::。おやつを (.) たべても (.) いいですか＝
	85ケン：＝いいですよ
	86田中：〈ちがう。先生のいったことまねをしてください
	87ケン：田中先生
	88田中：〈しっ。おやつを (.) たべても (.) いいですか。いってごらん。
	89ケン：おやつを [　　] たべます＝
	90田中：　　　　　[nod]　　　　＝ちがいます。たべ-おやつを(.)たべても(.)いいですか (.) いってごらん (.)°はい°〈お ::
	91ケン：おやつを [　　]
	92田中：　　　　　[nod] た ::
	93ケン：たべて
	94田中：〈も ::
	95ケン：も
	96田中：(「い」のくちまね)
	97ケン：い :: ですか
	98田中：〈そ :: だよ。そういうふうに西野先生に聞くの。わかった?
	99ケン：はい
	100田中：じゃあ西野先生にいってきてください

　しかし「混乱」しているケンは83、また85でも田中の要求には応えられない。そこで86田中は「まねしてください」と模倣を指示するインストラクションを出すが上手くいかずに、88田中の改めてのIの導入＋「いってごらん」というインストラクションの提示となる。それすらも89ケンは失敗するが、90田中はただちに否定し、同一ターン内でIを提示する。ただし今度は「いってごらん」の後に田中自身が「はい」と開始の合図を示し、さらにかなり強調された形で「お」のヒントを与える。そして田中は強調した形でのヒント与え続け (92、94、96)、ケンもそれに乗じながら (91、93、95)、2人は少しづつ発話を分け合うかのようにして97ケンへといた

るのである。そしてようやく 98 で評価 E が与えられる。以上の記述を整理するならば次のようになるだろう。

④	比較的 IRQAE 系列に準拠しつつ I と A を協働的に達成するが失敗する
⑤	I の導入に失敗した後（72 ～ 75）、R を省略し簡略化した上で IQ を連続して提示し (76)、A を協働的に達成するが失敗する
⑥	⑤同様 R を省略した上で Q まで療育者が提示する（82）が、A（83）そしてその後の I の再導入（84・88）に失敗する。そこで A を直接的に導入し（90）それを協働的に達成させることに成功し、積極的な評価 E（98）へと到達可能となる

　④～⑥に進行するにつれてやりとりの複雑さが増すと同時に、協働的に達成する部分や、省略する部分など、ケンにとって難易度が高いと思われるものから容易なものへと段階を踏みつつ IRQAE 系列がなしとげられている点に着目したい。療育者は、1 つの系列内においてもそのつどケンの能力を推し量りながら課題の難易度を操作し、ケンの失敗を回避させ言語を方向づけていくための多様な指し手を配置していると考えられるのである。このようにして両者が相互行為上の齟齬を調整していく実践のなかで、その「折り合い」がついた時に積極的な評価としての E は産出可能となり、療育もまたその場面の「完了」を迎えることが可能となるのである。

────── 第 4 節　「できる」の追求に見る「できなさ」の強調と

将来的な発達可能性

　以上の分析を通して見い出すことができるのは、療育者に一貫するある志向性である。それは、IRQAE 系列のなかで、自閉症児が適切に A を答えるまで「できる」ことをあきらめずに追求するという志向性である。たとえば、適切な A を述べるための能力の欠如が有徴化されたならば（第3節3-2）、「環境」の変更を試み（同節3-3）、最終的には A を協働的に達成

していくための多様な指し手を用いてでも「できたことにする」(同節3-4)。このように療育者が「できる」ことをことさらに追求したのは、本章の場面が「言語を獲得させる練習」の場として組織化されているということが関わっている。したがって、ひとたび「できない」ことが観察可能になれば、療育という相互行為を「完了」させるために「できる」ことが必要とされるのである。

　しかしながら、療育者たちはその場で「できた」からといって、即座に本来の目的である言語獲得がなされたとまでは当然考えていない。そのことは、「早く収拾させる」べきというデータセッションでの指摘からも伺える。また、療育者が指し手を尽くして「できたことにする」場合でも、本章の場面で実際に用いられたものとは異なる「別のやり方」もあり得たように思われる。たとえば、第1節で言及した「(高齢の) 失語症者」への実践のように「相互行為への参加」を尊重し、積極的に参与者間の発話を結びつけていくというやり方である。この方が「できる」をスムーズに導き得るように思われる。しかし実際には、療育者は、自閉症児が不適切なAを答えた場合に即座に否定することで、徹底して「できる」を追求していったのである。すなわち、否定を通して「できなさ」をあえて強調しながら、「できる」を追求する／させるというやり方がとられていたのである。とするならば、他ならぬそのようなやり方で、「できる」が追求されたのはなぜなのであろうか。

　そのようなやり方は、当該の自閉症児における言語獲得のあり様として「誤獲得」であることを明確化させるものであるように思われる。会話はある程度自由にできるが、言語運用の獲得の仕方に誤りを抱えているという意味での「誤獲得」は、乳児に対して言語獲得を志向する場合に想定される「未獲得」とも、高齢の失語症者のように「再獲得 (が限りなく) 不可能」とも異なる。そのような「誤獲得の存在」であることをあえて明確化させた上で、言語の矯正的な再獲得へと向かわせる。「できなさ」の強調と「できる」の追求というやり方は、自閉症児の言語獲得の状態性としての誤獲得から再獲得へという、一連の相互行為の流れと関わっている。

しかしながらそれ以上に着目すべきは、「いま－ここ」の「誤獲得から再獲得へ」の流れの先に、将来的な「発達可能性」が期待されているということである。たとえ「できたことにする」ことがその場限りでの「獲得の外観を整えた」にすぎないとしても、自閉症児が発達し続ける存在であることを考えれば、「外観」を積み重ねていくことがいつの日か「できる」につながるかもしれない。このような想定を可能とさせる、「いま－ここ」で「できたことにする」ことの先に、将来の「できるようになる」ことへの発達可能性への期待が、療育という実践を成り立たせている。

　したがって、「いま－ここ」を「できない」で終えてしまうことは、療育者側が自閉症児の能力の上限を区切るような形で、その先にあると想定される将来的な発達可能性までをも捨て去ることになってしまうのではないだろうか。だからこそ、療育者はそのつどの場面のなかで「できる」を追求しようとする。とはいえその際、前述したように決して安易に発話を結びつけることによって「できる」をつくりだしてあげることはしない。将来的な発達可能性を賭けることができるのは、たとえ療育者の「支援」のもとに「できた」場合でも、自閉症児が可能な限り――たとえそのような「外観」のみであっても―自ら「できた」を産出しようとする限りにおいてなのである[2]。だからこそ、相互行為へ参加するだけでは不十分とみなされ、「できなさ」にあえて直面させた上で将来への期待を込めて訓練するという、相互行為への参加「以上」のことが求められているのである。

　以上のように言語獲得をめぐる療育実践を捉えるのであれば、療育者が「できなさ」を強調しつつ「できる」を追求し続けたのは、場の組織化のあり方と将来的な発達可能性を同時に志向しているからであると考えられるのである。とするならば、療育における場面の「完了」は、さらなる言語獲得へのスタートでもあり得る。もちろん、その言語獲得に将来的に確実な「保証」があるわけではない。年齢という発達段階に応じた言語獲得が「裏切られた」なかで行われるのが、療育における障害児に対する言語獲得でもある。しかしながら、不確定な要素があるからこそ、「いま－ここ」の実践のなかに将来的な発達可能性が強く求められるようにも思うのであ

る。「いま−ここ」を通して将来の「できる」を追求し続ける「信念」が、療育に関わる人びとの希望をつなぐ「療育という現実」を支えている。そして、この将来の「できる」を追求し続ける「信念」や「発達可能性への期待」は、障害の「早期発見・早期治療」と親和的に結びつくことで、「克服すべきものとしての障害」という観念を、障害児とその親に人生の早い段階から植え付ける「装置」として療育を機能させていくしくみとなり得るのでないだろうか[3]。多くの障害児が何らかの療育機関と接続している今日、療育については、その方向性を探究するためにも経験的な研究による実践の解明が今後ますます蓄積されるべきだろう。

注

1　データセッションは2007年9月上旬、田中と西野を含む場面2の撮影当日に同じ一室にいた療育者5名と筆者で実施した。筆者がケンに関する場面を複数提示し、気になった点を自由に述べるという形で行われた。

2　第3節3-4で記述した療育者の指し手が「子どもが自ら答える」ことに配慮していたことにも注意したい。療育者の単語の語頭部分のみを提示するというやり方は、子どもが次のターンで発話すべき内容を規定する強力な指し手でありながら、最小限の言葉でそのつど提示する限定的な指し手ともいえる。つまり、「できる」ことへと言語を強く方向づけながらも、適切なAを可能な限り独力で産出させるやり方でもある。

3　療育については次のような指摘も該当するだろう。それは、言語獲得の訓練が「コミュニケーションの可能性」や「相互行為への参加」を軽視し、狭義の「言語能力」のみに焦点をあてているというものである（前田2002, 他）。

第3章
〈障害児であること〉の相互行為形式
——能力の帰属をめぐる教育可能性の産出——

────────────────── 第1節　はじめに

　社会的構成論に基づく障害児教育研究が明らかにしてきたことは、「つ
くり出される障害」という観点であった。本章では、その観点を引き継ぎ
ながら、そもそも学校において〈障害児であること〉[1]とはどのようなこと
であるのだろうか、という問いに焦点をあてたい。いいかえれば、医学や
心理学的な判定基準によってではなく、人びとのやりとりのなかで〈障害
児であること〉とはいかにして成立しているのだろうか。本章では、ある
人物が〈障害児であること〉は、通常の能力性が認められた者同士のやり
とりとは異なる相互行為のあり方が展開されること――つまり、〈障害児〉
とは実体ではなく、相互行為における形式の相違――であると捉え、その
あり様を具体的に検討していく。まずは、〈障害児であること〉の相互行為
形式を問うという本章の関心それ自体について、詳しく説明していくこと
にしたい。

────────────────── 第2節　相互行為形式への着目

2-1　相互行為形式のあり方に見い出される〈障害児〉
　次節で分析するのは、養護学校（現・特別支援学校）における図工の授業
の終了間際に、突如としてある児童が泣き出したように見える場面である。

この泣きは、障害児教育の領域におけるある意味での「パニック」に近しい衝動性を伴った泣きとして、周囲の教師たちによって受け取られていく。このような衝動的ともいえる特性を有した泣きに対して、対応法や支援方法がマニュアル的に確立されている。「マニュアル化」は極端に思えるかもしれないが、障害児教育研究においては、ある問題とされた行為に対してどのように対応すべきかに関する実践的方策が常に論じられてきた。しかしながら、本章ではそのような方策のあり方について検討するわけではない（第1章の「本書を通底する3つの視点」を参照してほしい）。本章が関心を向けるのは、〈障害児であること〉の探究であり、具体的な検討場面に即していえば、「泣く」という行為と「障害児」というカテゴリーにおける可能な結びつきのあり方である。当然のことながら、障害児の表明するあらゆる泣きが障害性を伴ったものとみなされるわけではない。たとえば、ある障害児が「お腹が痛くて泣いていた」としても、その泣きは障害の表出とはみなされないだろう。この時泣いている人物は単に「子ども」とみなされるだけかもしれない。つまり、泣きと〈障害児であること〉は行為者の「属性」に応じて機械的に結びつくわけではなく、泣くという行為概念に障害という概念を適切に連関させていく一連の状況のうちに、「障害児が泣くこと」は存在するのである (cf; Coulter 1979=1998: 210)。

　では、「障害児が泣く」とはどのようなことなのだろうか。それは男の子や息子や日本人などではなく、ほかならぬ「障害児というカテゴリーの担い手」が泣いているとみなすことが適切であることを示している。サックス (1972a) にしたがえば、あるカテゴリーが適切であるとき、そのカテゴリーだけではなく同時にカテゴリーの集合も適切となるのであり、また、それぞれのカテゴリーの担い手は、同じ集合の他のカテゴリーの担い手に対して特定のかかわり方（カテゴリーに結びついた活動）をすることが一般的に期待されているのである。われわれが、ある記述をそのようなものとして聞くことができるのは、記述に対する諸事実を産出する「装置」を使用できるからにほかならない。このような観点から記述や場面を見るならば、日常生活者としてのわれわれはカテゴリーの担い手を難なく同定している

ように思えるかもしれないが、カテゴリーの同定とは実はそれほど単純な事柄ではないのである。少なくとも、外在的に付与されるカテゴリー（たとえば、養護学校に在籍する児童だから障害児であるというような）を持ち出すだけでは、本章の問いには答えられないであろう。

「子ども」の観察可能性を論じた阿部（1997）は、〈大人〉と〈子ども〉が関わる会話における〈子ども〉とは、非対称ルールの運用、つまり相互行為のあり方としての非対称性に見い出されることを明らかにした。この知見を本章の問いに引き継ぐならば、〈障害児であること〉とは非対称性を浮かび上がらせるような相互行為形式が適用された結果であるといえる。では、そのような非対称性を浮かび上がらせ、〈障害児であること〉を観察可能にさせる相互行為形式とはいかなるものであるのか。特に本章では、検討場面に登場するような、「言葉が出ない知的障害を伴った自閉症児」であると周囲に共有されているような〈障害児〉を想定し分析を進めるが、その際、坂本佳鶴恵（1986: 178）の「個人的な現実を想定する形式を剥奪するという形式」という定式化に示唆を得て展開していくことにしよう。その上で、本章で明らかとなった相互行為形式が、同時に〈障害児〉に対するある教育活動を行うことでもある点に着目したい[2]。

2-2　障害カテゴリーをめぐる相互行為形式

E. ゴフマン（Goffman 1963b=2001: 24-25）にとって、スティグマをもつ人間の人生における状況の中心的特質は、本来ならば他者から払われたであろう敬意と顧慮を払われないことにある。それはたとえば、常人とスティグマのある者との対面的相互行為における、「儀礼の侵害や脱落」（Goffman 1963a=1980，1963b=2001）や「日常の出来事に対する通常の解釈枠の侵害」（Goffman 1963b=2001）といったふるまいの様式として示される。

一方、D. スミス（Smith 1978=1987）は、インタビューの報告において、Kという人物が精神病であることがどのように構成されていくのかを論じる。その構成作業において重要な役割を果たすのが、「切り離し手続き」という語り手が行う操作である。切り離し手続きは、一方で規則と状況

の定義、他方でＫの行動の記述をとりだし、前者が後者をうまく規定しないように両者の関係を確立することによって成立するのである (Smith 1978=1987: 145-146)。

坂本 (1986) はゴフマンやスミスを援用しつつ、「スティグマ化」という事象を相互行為形式の問題として考察する。坂本は、スティグマを、他者の行為における差別的な意図や動機の表出の結果としてではなく、相互行為が一定の形式を帯びていることによってもたらされる効果として捉えようとするのである (坂本 1986: 158)。そしてそのような非対称的な相互行為形式とは、「社会の標準的なメンバーの間で暗黙のうちに成立している形式からの剥奪の形式」として位置づけられる。

つまり、社会における標準的なメンバーは、他者によって次のような想定をされている。状況を維持するための規範を知っており、もしそれからはずれた行為をする場合には、他者にも了解可能な特定の理由に基づいて行為を意図的に選択したためであって、人（メンバー）は状況定義とは異なる独自の諸判断を保有し得る。坂本は、他者に対するこのような想定を「個人的現実の想定」と定義する。個人的現実を想定されるということは、個人が状況の現実を構成する権能を認められているということなのである (坂本 1986: 170)。

たとえば、電車内でしゃがみこみ長いすの下をのぞいている人がいれば、ふつう「何か落とし物を捜している」とみなされ、何の理由もなくそうした行為をしているとはみなされない。しゃがみこむという行為は、その行為者が電車内でのふるまいに関する規範を知った上で、「落とし物を捜す」などの特定の理由に基づいて意図的に行為を選択した結果であると他者からみなされる。この時、電車内という状況を拘束するルールとは異なる、行為者の「個人的現実」が想定されているのである (坂本 1986: 177)。すなわち「個人的現実を想定する形式」が標準的なメンバーの間で互いに了解されている形式なのである。

「個人的現実」それ自体は、ごく単純化していえば自己の行為に意味を与える個人的な動機や事情といえるであろうが、それをメンバー間で想

定し合うということは、行為の逸脱性や違反性を棄却させるよう作用する。つまり、個人的現実の想定とは、メンバー間で規則違反あるいはルールから外れているとみなされ得る行為に対して、行為者の正常性や合理性を構成する役割を果たすものである。

　ところが、スティグマ化はこうした「個人的現実を想定する」相互行為の形式を剥奪する（坂本 1986: 171）。個人的現実の想定が剥奪された形式のもとにある人は、自らの行為に対してスティグマが指示する以外の個人的な動機や事情の存在を他者から顧慮されず抗弁する可能性が閉ざされ、状況を転換させたり定義したりすることを通して状況の現実構築に参与していく権能を認められないのである。

　坂本の議論から前述したゴフマンやスミスを捉え直すと、ゴフマンの提示する儀礼や解釈枠の侵害は、個人的現実の想定が剥奪された形式のもとでの具体的なふるまいのあり様として位置づけられ、スミスの切り離し手続きは、個人的現実を想定し、状況の現実を構築し維持する「状況成員としての権能を消却される過程」と位置づけられる（坂本 1986: 170-176）。

　「個人的現実の想定」という視点は、〈障害児であること〉を検討していく上で興味深い知見を提示してくれる。坂本が意図していたのは、公の場で面識のない者同士の間において、スティグマをもつ者に共通する相互行為形式を明らかにすることであった。しかし、障害児教育実践という実際の相互行為場面においても、この知見をそのまま当てはめることができるのだろうか。とりわけ日常をともにする教育実践者との間で、ある人間がまさに〈障害児である〉という事実が構成される際にも、個人的現実は単に想定されないのだろうか。議論を先取りするならば、個人的現実の想定は「剥奪」されているというよりは、むしろ一定のやり方で想定されているのではないだろうか。したがって本章は、行為者の個人的現実を想定するやりとりにおいて〈障害児であること〉がいかなる相互行為形式において達成されているのかを、実際の相互行為において問おうとするのである。

—— 第3節　教師たちの記述実践と〈教師であること〉を行うこと

3-1　場面の紹介と着眼点の提示

　本節では、知的障害児を対象とする養護学校における図工科の場面を取り上げる。教室には小学部2年生11名と5名の教師がおり、ティームティーチング (以下、TT) が行われている。

3-2　【場面1】の検討

　【場面1】

登場人物：タロウ (場面で中心となる児童)。浅野、伊藤、鈴木、内田 (2学年の担任教師たち)。

検討場面をA〜Fに分割し、左欄ではそれぞれでの人物の配置を略図で示し、右欄では発話と動きを文章で示している。なお、略図にはビデオフレームの外にいる人物は掲載していない。

　授業が終了間近になり教師は片付けをはじめ、児童もグループで工作をしていたテーブルから、全体で終わりの挨拶をするために自分の椅子を戻すよう促されている。検討の中心になるのはタロウという児童である (担任教師への聞き取りによると、タロウは「知的障害を伴う自閉症児」であり、「言葉もまだでていない」)[3] 彼が教師とともに最初に椅子を全体の形へ戻し、座っているようにいわれるところから場面は始まる (次頁の図「A」を参照。以下、同様)。この後、タロウが自分の顔を叩き泣き出し (B)、その泣きに教師たちが次々と「おわりたい」と述べ、彼の泣きは「授業を早く終えたいから泣いている」と位置づけられていく (E、F)。

86

第3章 〈障害児であること〉の相互行為形式

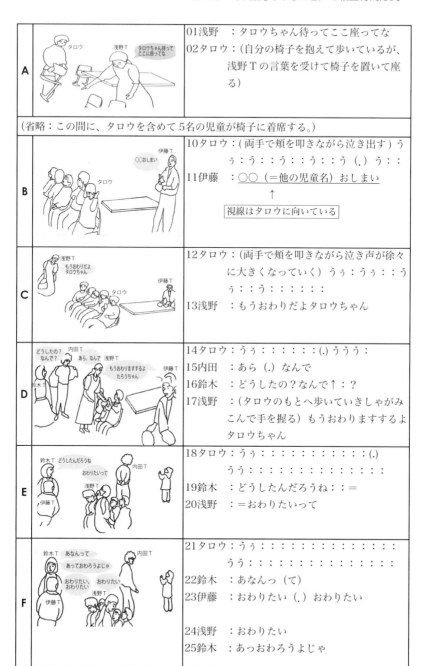

以下では、前述した「個人的現実の想定」をタロウの泣くという「行為に対して合理性を組み込んでいくこと」と捉えた上で、教師たちが泣きの意味をどのように同定し、帰属していくのか（これを「記述実践」と呼ぶことにしたい）に着目することにしよう。また、同時に教師たちがどのようにして〈教師であること〉を行っているのかにも焦点をあてる[4]。

　というのも、ある子どもに障害というカテゴリーが割りふられるとき、周囲の人びとがそうした組織化に関与しているように（McDermott & Varenne 1998）、タロウが〈障害児であること〉は、他の児童もまた〈障害児〉というカテゴリーを担う一方で、教師もまた〈教師であること〉を同時に示し合うなかで達成される事柄だからである。

a.　教師による個人的現実の想定

　場面1では、「うぅ」と言いながら顔を叩き泣きだすタロウに対して、次々と「おわりたい」と教師たちによる記述がなされていき、タロウの泣きは「授業を早くおえたい」という〈意図〉を有するものであるとみなされていく。「おわりたい」と最初に記述した13での浅野による発話は、唐突にタロウの泣きに対して「おわり」をつきつけているように思えるかもしれないが、意図を他人に読み込むことは、その人が心の内面で何をしているのかを憶測することではなく、当該状況内の様々な事実を見極めることにほかならない（Coulter 1979=1998: 84）。とするならば、場面1では次のような状況を見い出すことができるだろう。

　第1に、最初に泣きに言及する浅野自身がタロウに対して「待つ」という状況をつくり出したこと（Aを参照）。第2に、13での浅野の発話「もうおわりだよタロウちゃん」を支持し得る他の教師の確認があること（明確なのは11での伊藤の視線である。発話は他の児童に向けられたものだが、視線はタロウに向けられており、彼が他の児童に叩かれたりしたのではなく彼の何らかの「状態性」を把握していたと想定できる）[5]。第3に、授業が終了間際であるという事実。

　こうした状況が配置されるなか、13浅野の最初の記述が支持される形で、教師間で共有（15内田〜25鈴木）されていくことを通して、教師たちの

記述実践は場面1で「タロウの泣き」を構成する枠組みとして確立されていく。教師らによるこうした一連の記述実践は、「顔を叩きながら泣く」というタロウの行為に「授業をおえたいから」という合理性を組み込んでいる。つまり、このやりとりを見る限りでは、教師たちは〈意図〉という形でタロウの個人的現実の想定を行っているのである。このことをまずは確認しておきたい。

b.　言語による自己記述を想定しない実践

　しかしながら、この場面にある違和感を覚えないだろうか。それは、素朴には、「なぜ泣いているのかを知りたいのに、泣いている本人に直接尋ねない」という点から生じており、教師による質問と応答が繰り返されるなかで、タロウの応答可能性が奪われているとみなせる点に由来するように思う。つまり、教師からタロウに何かしらを尋ねる問いかけやそれに答える機会が明確に与えられることのないままに、タロウ自身の〈意図〉は達成されていくのである。

　そのように述べることができるのは、タロウに対する記述が13浅野の断定的な言い方「もうおわりだよタロウちゃん」からはじまったという点ばかりにあるのではない。15内田「あら、なんで」や16鈴木の問いかけ「どうしたの？なんでー？」は、タロウ自身に向けられていると思えるかもしれないが、それに対しても17浅野がタロウに語りかける形（「もうおわりますするよタロウちゃん」）をとって間接的に教師に対する応答となり得る情報を提供しているように見える。また、19鈴木による改めての質問「どうしたんだろうね」に対しても20浅野が「おわりたいって（とタロウが言っている）」というように、タロウを代弁することを行っている。しかし、これまでのやりとりにおいて一度もタロウ本人に確認がなされたことはないのである（もし「泣いていて話すことができなかった」と考えるのであれば、そうした記述が可能になるのは何かしらタロウへの問いかけを試みることによってであるように思う）。

　さらに、確認や問いかけが試みられないのはタロウばかりではない。教

師にタロウの泣きを説明しようとする児童もいない（タロウはかなり大声で泣いている。C〜Fの略図ではわかりにくいかもしれないが、彼の座っている方向に視線を向けているようにみなせる児童もいるが、着席している児童たちは、全く見向きもせず黙って宙を見つめているように観察できる。また、まだ着席せず壁面を見ている児童もいる）。教師もまた他の児童に対してタロウの泣きについて尋ねることもない。そして教師間のみでのやりとりが続くなかで、タロウの泣きは〈意図〉として達成されていったのである。

　たしかに前述したように、かかる状況の内にタロウの泣きの意味は示されているといえる。しかしながらここで観察されるのは、行為者の〈意図〉というものが、本人を目の前にして、また本人の自己記述を想定の枠外におくかのようにして、他者が当然のごとく記述を行っているという事実である。このようなやり方で他者による記述実践が可能となるとき、教師たちが従っている前提とは、タロウが少なくとも言語によっては自己記述を行うことが不可能であるということではないだろうか。つまりここでの教師の記述実践のやり方は、泣いている行為者が言語による自己記述を通して現実構成に参与していく能力を否定していくやり方なのである。

　さらにいえば、もっぱら教師間のみでやりとりが展開されたのは、タロウと教師という二者関係ではなく、複数の教師がその場にいたからであると考えられるだろう。たしかにTTが行われていることが、タロウの言語能力に対する期待（の否定）を際立たせている。だがそうであるとしても、このような形によるタロウの〈意図〉の達成を通して行われているのは、「言語による記述を期待されている者」（教師）と「期待されていない者」（児童）というその場にいる人物間における成員性の区別なのである。〈意図〉を達成する教師の記述実践が、「言葉がないこと」（タロウの言語に関する能力の不足や欠如）をも達成しているのである[6]。

c. 〈教師であること〉を行うこと
　今度は22鈴木から25鈴木までの発話を「隣接対」という観点から改めて捉え返してみたい（隣接対に関しては、第2章を参照してほしい）。

第3章　〈障害児であること〉の相互行為形式

（以下は場面1の一部にトランスクリプト記号を付与したものである）。

22鈴木：あなん［っ（て）			【質問】	
23伊藤：	［おわりたい（.）	［おわりたい］＝	【応答】	【要求】
24浅野：		［おわりたい］＝	【応答】	【要求】
25鈴木：＝あっおわろうよじゃ			【承諾】	

　上記の会話が22鈴木の質問に対して23と24が応答するという構造になっていることは容易に確認できるであろう（まさにそれが「質問－応答」と定式化可能であったのは、隣接対を参照することによってである）。だが、ここでは25鈴木に着目したい。これは、22鈴木の質問に対する伊藤と浅野の応答を単に了解しているのではない。25鈴木は、直前の伊藤および浅野による「要求」（第1成分）に対して「承諾」（第2成分）を行っている。つまり、23伊藤以降のやりとりは、タロウの言語能力における欠如を参照させる質問と応答の部分であるだけではなく、要求と承諾としても特定化され得るのである。

　このやりとりにおいて何が要求され承諾されているのかは、言うまでもなく授業の終了である。すなわち要求と承諾は、授業を終了する権利と義務（それは、授業を早く終えたくて泣いているタロウの「泣き」に対する権利と義務でもある）を分配しているのである。TTにおいて進行役を担うのはメインティーチャー（main teacher: MT）、その他の教師はアシスタントティーチャー（assistant teacher: AT）とされる。そしてこの授業においてメインティーチャーであったのが、鈴木なのである。つまりこの要求と承諾は、授業を終える行為を誰がすべきかを教師間で指定・確認する方法となっている（そして、このやりとりの後、教師たちは終了の挨拶をするための準備を再開していく）。発話に結びつけられた権利と義務の分配を実現していくことで、鈴木は〈教師（MT）であること〉を行い、他の教師もそれを補助していく〈教師（AT）であること〉を行っているのである。

3-3　【場面2】の検討

　場面1では、タロウは教師たちによってひたすら泣きの意味を記述（他者記述）されるだけの「無力」な存在であった。しかしながら、はたしてタロウは自らの泣きについて一切記述（自己記述）していないのであろうか。それを確認するためにも、次の【場面2】を検討することにしたい。場面2は場面1の後、クラス全体での「おわりの挨拶」に向かおうとする場面である。下記の図は、場面2に登場する人物の主な教室内での位置関係である。教師は、浅野と伊藤、鈴木が登場し（浅野は、場面2当初はタロウの前にいるが、伊藤がタロウの背後に到着するとその場を離れ、下記の図の位置へ移動する）、児童はタロウの他にヨウコという女子児童が登場する。

　　　　　場面2における登場人物の主な位置関係

浅野T

鈴木T
本授業の進行役
（メインティーチャー）

タロウ

伊藤T

ヨウコ

【場面2】

　「おわりの挨拶」に向かおうとする時、突如ヨウコが「うるきゃーい！」と甲高い声を出す（おそらく、これは直前に教師がアルミ皿を床に落とした音への反応であるように思う）。それに対して、タロウがヨウコを見て泣き出し、伊藤はタロウのもとへと移動する（次頁の略図G）。背後にいる伊藤を見上げながらタロウは泣き、伊藤や鈴木は「おわろう」「おわり」とタロウに声をかける（H、I）。

第3章 〈障害児であること〉の相互行為形式

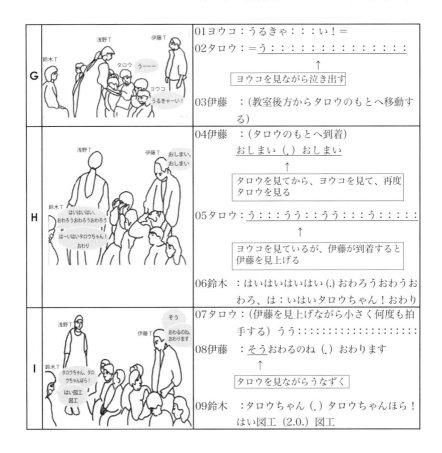

a. 他者記述の優先性——実践的活動に埋め込まれていく泣き

　場面2では、登場人物の視線の動きに着目したい。場面1ではタロウは言語による自己記述が想定されていないと述べたが、場面2ではタロウは顔や視線の動きを通して、教師に「自己記述」を行っているように思う。たとえば、GからHにかけての01から05のやりとりである。ヨウコという児童の01「うるきゃーい！」に対して、タロウはヨウコに顔と視線を向けながら泣く。伊藤はタロウのもとへ歩み寄り（03）、タロウを見てから（このとき、伊藤はタロウの視線がヨウコに向かっているのを確認している）、（タロウの視線の先にいる）ヨウコを見て、それからタロウへ再び視線を戻す（04

93

での伊藤の視線)。タロウも伊藤を見上げ、最終的に両者の視線はぶつかる（04・05での伊藤とタロウの視線)。実は、Iから数十秒後の下記Nにおいても酷似した視線の動きをもつやりとりが見られる。

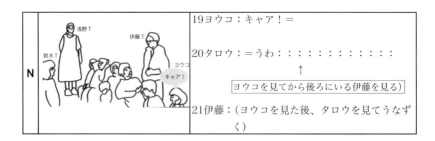

　場面2の後、タロウは多少落ち着き黙ってうつむいていたのだが、ここでもヨウコの突然の叫び声（19）に反応して、泣きながらヨウコを見た後、後ろの伊藤を見る（20）。そして伊藤もタロウの視線の動きを追ってヨウコを見た後にタロウを見る。2人は視線を合わせて、伊藤はタロウに向けてうなずく。つまりH・IにおいてもNにおいても、タロウは、ヨウコの甲高い声が気に障ると主張し、伊藤に伝えているのである。

　視線や顔の動きに着目すれば、そのようなタロウの記述実践は他者（伊藤）に了解されているように思われる。特に、視線ばかりでなくNの21に見られる伊藤のうなずきは、単なる「了解の合図」ではなく、タロウが身体技法を用いて記述したこと、そして自分がその記述を了解する相手であると伊藤が理解していることを示している。つまり少なくともタロウと伊藤の間では、「自己記述—了解」というやりとりのなかで、泣きに対してタロウ自身が個人的現実を保有しているという想定は認められているのだ。

　しかしながら、これらいずれの場合も、タロウの記述実践——タロウによる個人的現実の提示——が場面全体を構成する枠組みとして尊重された扱いをうけてはいない。場面2を中心に見ていきたいが、次頁のやりとりはH・I部分の発話を中心に抜粋し、発話の重なり（[ ]）を記載したものである（発話の重なりをわかりやすくするために、04〜06の発話者の順番を場面2とは変更している）。

第3章　〈障害児であること〉の相互行為形式

```
04タロウ：［う：：：うう：：うう：：：う：：：：　　［：：：：：：：：：：：：：
05鈴木　：［はいはいはいはい(.)おわろうおわうおわろ、　［は：いはいタロウちゃん！おわり
06伊藤　：（タロウの視線の先を確認してからタロウを見る）［おしまい(.)おしまい
07タロウ：う：［：：［：：：：：：：：：：：：：：：：　　［：：：：：：：：：：
08伊藤　：　　　　［そう　　　　　　　　　　　　　　　　［おわるのね(.)おわります
09鈴木　：　　　　　　［タロウちゃん(.)タロウちゃんほら！はい［図工(2.0.)図工
```

04でのタロウの泣きに05鈴木によって「はいはいはい、おわろうおわろうおわろ」がかぶせられていく。それに、06でタロウの視線を確認し、タロウの記述（「ヨウコの甲高い声が気に障る」）を了解した伊藤が「おしまい」と呼応していくのである。そして、タロウの泣きは08伊藤、09鈴木と進行するにつれ「授業を終了する」という実践的活動の形式のなかに埋め込まれていく。そのなかでタロウの記述が消去されていくかのように、先の場面1で見られた「おわりたいから泣いている」という他者（教師）の記述が優先的に維持されていくのである。

b．〈教師であること〉と〈授業場面であること〉の達成

そして、授業は終了に向けて進んで行く。場面2のIとそれに継続するJを追加して提示しよう。

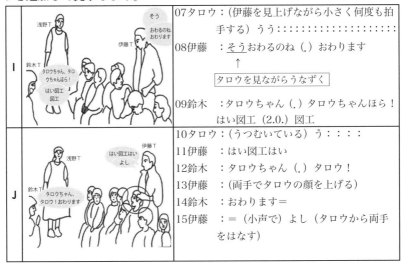

95

Iで07タロウはHの04伊藤の「おしまい」に応じて小さく拍手をする（これは毎回授業終了時に手を叩きながらおわりの挨拶をすることと関連している）。それに08伊藤は「そう」とうなずく。ここでタロウと伊藤の間では「おわる」ことへの相互了解が成立しているように思う。だが、メインティーチャーとして全体を終了させる権利と義務を負っているのは鈴木である。09で鈴木はタロウに「タロウちゃん (.) タロウちゃんほら！」と呼びかける（だが、伊藤を見ているタロウはなかなか鈴木を見ることはしないのである）。そして12の「タロウちゃん (.) タロウ！」という鈴木の再度の呼びかけに、13伊藤がタロウの顔を上げさせる（この箇所が、略図Jでの円部分である）。

C. グッドウィン (Goodwin 1984: 230) が指摘するように、話し手が聞き手に視線をむけたとき、その聞き手は話し手のほうに視線を向けなければならず、話し手は聞き手が視線を向けないというルール違反を認識したならば、句を中断したり、言い直したり、間をとったりすることがあるのだ。タロウの顔を上げさせる伊藤のアシストによって、鈴木はタロウの視線を獲得し、「おわります」と授業の終了を宣言可能、いいかえれば〈メインティーチャーであること〉を行うことが可能となったのである。ここではタロウの視線が自発的なものであるかどうかではなく、タロウが伊藤の介添えによってであれ視線を向けたという事実が重要である（だからこそ鈴木の終了の宣言と同時に、伊藤は小声で「よし」と言いながらタロウから両手を離し、その後タロウの視線は鈴木からそれていくのである）。つまり、鈴木が〈メインティーチャーであること〉を行うためには、メインティーチャーの働きかけの対象となる人物がとにかく「視線を向けること」をすること ——〈児童であること〉を行うこと——が求められていたのである。

このように教師間で協働的に「おわり」をなしとげていくなかで、鈴木や伊藤はTTの役割に沿った〈教師であること〉を行い、そしてタロウは「自分で」おわりのあいさつをする〈児童であること〉を行う。そしてこの場面が「はじめます」で始まり「おわります」で終わる、区切られた〈授業場面であること〉がなしとげられているのだ。

― 第4節　おわりに──個人的現実を想定する形式の操作的な達成

　これまでの分析を通して、〈障害児であること〉はいかなる相互行為形式において見い出されたのだろうか。本章は坂本 (1986) による「個人的現実を想定する形式を剥奪するという形式」に示唆を得る形で出発した。だが分析で示したように、行為者 (児童) の個人的現実は単に想定されていないのではなく、教師の記述実践において一定程度想定されている。とはいえ、標準的なメンバーに想定されるような合理性を児童が獲得しているとみなされているとはいえないのである。

　場面1における教師の記述実践──「顔を叩く」/「泣く」という行為に対して「おわりたい」──は、たとえそれを保証する状況があったとしても、小学2年生という児童の学年と照らし合わせるならば、周囲がそのように記述していくことに、やはり不自然さが残っているように思う (特に、「顔を叩く」という行為に教師は誰も言及することさえない)。また、「おわりたい」という記述の特殊性もあるだろう。「おわりたい」という記述は、泣きに至った理由ではなく、「おわらせる」という目的を志向している。つまり、過去を志向して泣きに対応していくよりも、未来へと場を進行させることが泣きへの対応となり得るということを教師たちが確認し合っているように捉えられるのである。

　こうした不自然さや特殊性は、教師たちの記述実践が「それなり」の合理性、つまりそのつどの状況や実践的目的に見合った限りでの合理性を児童の行為に組み込むことを志向していたことを示しているのではないか。

　2つの場面に戻ってみよう。場面1では、泣きを記述する際に教師間のみで質問 - 応答のやりとりが展開され、児童は答える対象として除外されていたが、その際の応答は、「おわりたいって」や「(タロウは) おわりたい」というようにいずれも「代弁」という形で構成されている。代弁という、児童を発話主体に据えて本人が答える形式を保ちながら、児童の自己記述の可能性を想定の枠外へと位置づけつつ、教師間での記述実践がな

しとげられていったのである。場面2では、児童本人が身体技法を用いて泣きの意味を自己記述し、それを教師が了解しながらも他の教師の記述に呼応していくことで、教師側の記述が優先されていった。そして児童の泣きは「おわることをする」実践的活動のなかに埋め込まれていったのだった。このなかで教師たちは、泣きを表明する児童に「どうしたの？」とことさらに問いかけるわけでも、「単に無視する」わけでもない。つまり教師たちは、児童本人の自己記述を想定外におく（場面1）あるいは了解しつつもそうでない記述に呼応する（場面2）ことを行いながら、教師ら自身による他者記述を優先的に組織化していくことを通して、状況や実践的目的に見合った合理性を操作的に見い出していくということを行っていたのである。そうしたなかで浮かび上がるのは、児童による反論可能性がないという教師たちの前提であるといえるだろう[7]。

　以上から坂本（1986）の知見を再定式化するならば、〈障害児〉の個人的現実の想定はただ「剥奪」されているわけではない。すなわち、〈障害児〉と〈教師〉との相互行為に特徴的な形式とは、「個人的現実を想定する形式を操作的に達成していく形式」なのである。そのなかで〈障害児であること〉はなしとげられていくのだ。

　さらに、上記の相互行為形式の定式化を〈障害児を教育すること〉という観点から捉えると、教師が行っていたことに関してまた異なる見方を得ることができるように思う。つまり、教師は「おわりたい」という記述を一貫して継続させていったわけだが、「おわりたい」という想定の仕方で児童の個人的現実を操作的に達成していったのはなぜなのか。それは、状況や実践的活動に見合う記述として実際に授業が終了間際だったから、あるいは、教師たちもタロウがヨウコに苛立って泣いていることは了解していたが、早く授業を終わらせればなんとかなると考えたからといえるかもしれない。

　このように、いくつかの可能性が考えられるように思う。しかしながら、それ以外に考えられるのは、「おわりたい」という記述実践を通して、教師は泣いている児童に対して授業の終了まで教室という場に共在する、〈授

業場面〉を構成するメンバーであり続けることを求めていたのではないだろうかということである（だからこそ、メインティーチャーである鈴木は「おわる」際に、他の児童はさておき、タロウの視線を向けさせることで彼が「児童」として授業の「おわり」に参加することを求め、アシスタントティーチャーである伊藤もそれに協力した）[8]。そのように考えるならば、教師たちは、泣きによって観察可能となった秩序の亀裂を、授業の進行を維持していく上で可能な解釈の語彙（「おわりたい」）で捉えることを通して、修復していたのだ[9]。そうすることで、授業秩序を逸脱しつつある児童を再度授業のなかに位置づけ直していくということを行っていたのではないだろうか。このように考えると、TTとは、授業者の望むような形での修復をより円滑に実現可能とさせてくれる教授手法であるといえるかもしれない。しかし、それ以上に着目したいのは、そうした修復作業を通して教師が「障害児の教育可能性」をうみだしているということである。

　障害児というカテゴリーを担うということは、無能力さが可視化され割りふられるということでもある（McDermott & Varenne 1998）。本章の児童に関していえば、そうした無能力さの1つは言語能力をめぐる問題として観察可能となった。とはいえ教師は、障害と結びつくそのような無能力さに対して教育的支援をするというよりは、むしろそれを（意図的に）見過ごす、あるいは問題視しないというやりとりを展開させている。しかしながら、障害児というカテゴリーの担い手は教育の枠外に追いやられるわけではない。障害児教育は、少なくとも局所的場面では無能力さに対する教育可能性をその児童から切り離す一方で、「その児童でもできること」、つまりその時点で可能な有能さに教育可能性を見い出しているのである。

　本章での教師たちの修復作業は、児童がその時点で「できること」に焦点をあてて、一貫して授業構成者であるという有能さをつくり出していた。そうした有能さは、生活様式すべてにはりめぐらされたささいなあらゆる「できること」に向けられ、〈障害児〉の教育可能性として見い出されていく。〈障害児を教育すること〉とは、無能力さを切り離し有能さを結びつけていく実践なのである。

注
1　本章では〈　〉という記号を、人びとのやりとりによってなしとげられたものであるということを特に意味する際に使用している。

2　相互行為分析的な観点から障害を扱った研究として、車いす使用者と車いすを押す第三者が購買場面においてどのようにして障害者・介助者とカテゴリー化されたのかを明らかにした山崎他（1993）、知的障害者と専門家や施設職員との間で、知的障害者の無能力さ（incompetence）が生み出されていくあり様を明らかにした M. ラプリー（2004）、自閉症児と臨床医との診断検査場面でのやりとりを、日常生活における会話構造と比較、分析することを通して、自閉症児の知能（autistic intelligence）における実践的推論の論理を検討した D.W. メイナード（2005）等がある。これらの研究と本章との共通点として、第1に実際の場面をもとに達成されるものとして障害を捉える点、第2に山崎他（1993）のみとの共通点であるが、会話の他に視線等の非言語的情報も分析対象としている点があげられる。しかし、山崎他（1993）は障害者の会話能力が参与者に共有されている場面を検討するが、本章が扱うのは反対に「言葉がない」ことが共有されている場面である。

3　なお、他の児童も発話は「まだない」もしくは「あっても意味のある表現は難しい」とされる（教師への聞きとりより）。

4　〈教師であること〉を行うという表現に、奇妙さを感じるかもしれない。しかしながら、ある児童が〈障害児である〉ということ同様、教師が〈教師である〉ということもまた、自明なものではなくやりとりの産物なのである。

5　「状態性」とは具体的には顔を叩くという行為であり、障害という文脈では「自傷行動」と理解され得るかもしれない。この点についてはさらに検討が必要だが、次の2点のみ確認しておこう。①泣き同様、顔を叩くという行為にもそれを説明する状況が必要であること。②11伊藤の視線（視線は向けるが、直ちに騒ぎ立てたりはしない）によって、教師たちにとって顔を叩く行為は注視の対象にはなるが、即座に対応すべきような驚くべきものではなく、日常的にみられる行為と捉えられていると推測できる。

6　前述した通り、「聞いてもタロウは答えられない」ことを教師たちが共有していたから、このようなやりとりが展開されたといえるかもしれない。しかしながら、ここで着目したいのは、そのような言語能力の不足や欠如は、あくまでもそのような相互行為のあり方として「達成」されていくということである。

第3章　〈障害児であること〉の相互行為形式

7　もちろんそれが可能となったのは、記述実践と同時に教師が〈教師であること〉を
行い、〈児童であること〉さらには〈授業場面であること〉をも協働的に達成していっ
たことと無関係ではない。

8　日々の実践を観察していた筆者からすれば、タロウをヨウコから離すためにも教室
から「解放」してやることが、タロウの泣きの記述を考えた場合に彼に応える近道で
あったにもかかわらず（実際、教師たちは授業中に泣きわめく児童を、教室から出し
てやり校内を一巡させて落ち着かせてから戻したりすることもあった）、教師たちは
少なくともこの場面ではそれをしなかった。このことも、タロウを授業から離脱さ
せるのではなく、〈授業場面〉を構成するメンバーであり続けようとさせたことと関連
しているように思う。

9　ここでのアイデアは、儀礼秩序の脆弱性に対して人びとが相互行為儀礼を用いて修
復する行為を論じたゴフマン（Goffman 1967＝2002）から得ている。

第4章

児童間相互行為における非対称性の組織化
──メンバー性の確認作業をめぐって──

　これまで第2章では療育者と療育児との相互行為を、また第3章では教師たちと特定の児童との相互行為を検討してきた。それらは療育者と療育児、教師と児童という相違はあるが、いずれも「大人」と「子ども」というカテゴリーへと結びつけることが可能であった。それに対して本章では、「子ども」と「子ども」間ともいうべき児童間の相互行為を検討していくことにしたい。

第1節　はじめに

　本章の関心を述べるにあたって、まずは下記の FN を見てほしい。

　　養護学校高等部の休み時間。「重度の知的障害（を伴う自閉症）」とされる K が教卓にあるラジカセのスイッチを入れ、アニメソングに合わせて身体を前後に揺すりだした。そこへ「軽度の知的障害」とされる S がやってきて突然ラジカセのスイッチを消した。K は「うう」とうなり声のような声をだし再びスイッチを入れ、身体を揺すり出したのだが、そこでまたしても S がすかさずスイッチを消してしまった。K と S のスイッチを入れる／消すというやりとりが何度か続いた後、S が突如教室後方でそれを見ていた私を見て、「俺をこいつらと一緒にするな！」と言い、教室を出て行ってしまった。その後、K は何事もなかったかのようにスイッチを入れ、アニメソングに合わせて再び身体を揺すりはじめた。

これは2002年10月、筆者が当時でいう養護学校の高等部を観察した際の出来事である。Kが「重度の知的障害（を伴う自閉症）」でありSが「軽度の知的障害」であるということは担任教師に後から聞いたのだが、そうであることはその場面を見ていた筆者にも十分想定可能であり、筆者自身そのようなものとして上記の場面を捉えていた。つまり、Sの「俺をこいつらと一緒にするな！」という発話は、一種のカテゴリー化の実践（Sacks 1979=1987）なのであって、自分に「こいつら（＝Kに示される「重度の障害児」）」と同じカテゴリーが同定されることを拒絶しているのである。このように、「養護学校」という障害のある児童生徒が集う場のなかで（むしろそれを前提とする場だからこそ）、メンバー性の相違をめぐって確認作業が行われている。それは、障害がありつつも、社会的に「軽度」・「重度」と区分される者たちの間での「せめぎあい」として観察可能となっており、さらに観察者という異化された存在であった筆者にあえて発話することで顕在化している。

　しかしながら、学級において特定の児童生徒に「障害がある」ということが観察可能となる際の日常的なあり方は、たとえ観察者がその場にいたとしてもこのようなドラマティックな形をとるばかりではない。ただ、共通すべきは第2章や第3章のように「大人」と「子ども」へと分類可能な2者間のカテゴリーに限定されるのではなく、教師と周囲の児童生徒を含めたすべての参与者とのやりとりを通して立ち現れるのである。本章ではそのような「障害がある」ということの日常的なあり方に焦点をあて、授業場面において特定の児童における「障害」がどのようにして前景化されていくのかを、教師のみでなく特に児童間相互行為にも着目することで検討していきたい。

　その際の導きの糸として、相互行為の非対称性に着目する。相互行為の非対称性とは、標準的なメンバー間の会話の構成やその観察に用いられる相互行為のあり方に対して、非対称的なメンバーを含む相互行為で許容され、メンバー性の質が非対称であることを表示するものである（阿部 1997: 457）。また、第3章で論じたように、「障害がある」ということは社会にお

第4章　児童間相互行為における非対称性の組織化

ける通常のメンバーとの「相互行為形式」や「相互行為系列」の相違として
捉えられる。つまり、「障害」という文脈に即して述べるのであれば、相互
行為の非対称性とはある人物に「障害がある」ということを観察可能とさ
せる装置なのである。本章では特に、非対称的な相互行為が組織化されて
いくあり様を場面の人びとの実践をもとに記述することにしたい[1]。

第2節　児童間相互行為の分析

2-1　視線と反応

　最初に検討するのは、小学6年生の通常学級における理科の授業場面で
ある（下線部は、後にトランスクリプトの形で提示する箇所である）。

【場面1】小学6年生：理科の授業「息を止める」課題

　「息をどれくらい長く止めていることができるか」をクラス全員で挑戦し
ようとしている。教師の「ご、よん、さん、に、いち、はじめ」という合図で、
児童たちは一斉に息を止め、教師がその秒数をカウントすることになって
いた。ところが、(A) 教師の「はじめ」と同じタイミングでトモという児童
が「開始！」と発話し、その直後に「はぁー」とため息をつくかのような声
をもらしたのである（息を止めるという課題であったにもかかわらず、である）。
その瞬間、クラスの多くの児童たちが笑い出す。笑い声とともに「なんだ
それ」、「冗談だろ」という声も上がる。

　それでも課題に忠実に息を止め続けている児童たちがいる（教師も腕時計
を見ながらカウントを続けている様子である）。そのなかで、またしてもトモ
が明るい感じの声で「しゅーりょー（終了）」と課題の終わりを勝手に告げ、
クラス内でまた笑いが生じる。「だめだだめだ」という児童の声もあがるな
かで、トモは「それでは結果を発表します」と発言する。そして教師は、「ち
ょうど30秒くらいです。まだやってる人？いますね」とクラスに声をかけ
るが、その教師の発話にトモが「30秒くらいで（　）ってください」と述べ

る（（　）は何と行ったのか確認できず）。そのトモの発話に対して笑いも生じ、笑いながら「だまってろよ」「(課題) わかってん」という声もあがる。

　この場面のなかで中心的な存在となっているトモは、「軽度の障害（自閉症）」とされ「特別な支援の対象」と位置づけられている児童であり、通常学級に在籍すると同時に学内にある通級指導教室にも通っている。しかしながら、本章では、そのような知識とは別に、「障害」と関連づけられ得るようなある特定のメンバーにおける能力性やメンバー性の相違に関連するものとして、教師と児童たちが場面をつくり上げているあり様を読み解いていくことにしたい。

　まず考えたいことは、トモのふるまい方である。「息を止める」という課題に取り組まないばかりか、ひたすら妨害するようなふるまいをする（そして後述するが、その後彼は離席し、教卓で一人課題と異なることも始める）。このように記述されるトモのふるまいのなかに、彼の「逸脱性」をひとまずは見い出すことができるかもしれない。しかしながら、以降で検討することは、トモはその「逸脱」をどのように行っているのかということであり、また周囲は彼の「逸脱」にどのように対応しているのかということである。

　まず、場面1のなかの最初の下線部部分を検討していきたい。次頁の図1は、この時のクラス内での位置関係である。コの字型に着席し、トモは窓側の内側の列の一番前に着席している。また、図2は下線部 (A) の開始直前の様子である。

第 4 章　児童間相互行為における非対称性の組織化

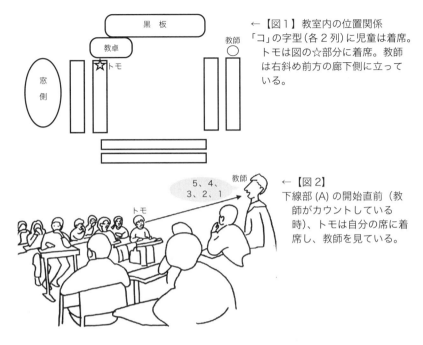

←【図1】教室内の位置関係
「コ」の字型(各2列)に児童は着席。トモは図の☆部分に着席。教師は右斜め前方の廊下側に立っている。

←【図2】
下線部(A)の開始直前（教師がカウントしている時）、トモは自分の席に着席し、教師を見ている。

　そして、いよいよ下線部(A)になるのだが、下記はこの箇所のトランスクリプトである
　(Tは、トモの教師に向かう視線、Sはトモの児童に向かう視線を示し、/は教師から児童へと視線が転換したところを示している)。

04教師：　　　　　　　［はじめ］
(トモ視線)　TTTTTTTTTTTTTTTTT/SSSSSSSSSSSSSSSSSSSSSSSSSSSSSSS
05トモ：(立ち上がり)［開始！］　(.)　は↓あ［::(着席し、笑顔でクラスを見わたす)
06児童：　　　　　　　　　　　　　　　　　［(笑い声。どんどん大きくなる。)

　今度は、上記04〜06を略図と共に示そう。

107

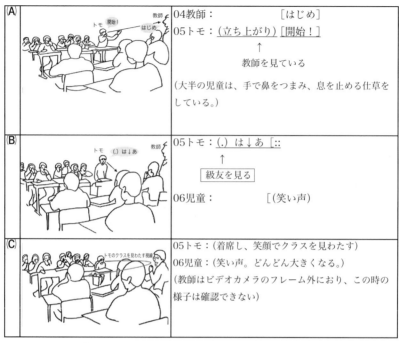

　トモは05で「開始！」を教師の01「はじめ」に重ねて発話した後（下記の略図(A)を参照。以下同様）、「はあー」と息を吐くような声を出す。「息を止める」という課題に対して、それが開始された途端に「息を吐き出す」という「落差」に対して、クラスから笑いが生じる(B)。そして、笑いが徐々に大きくなるなか、トモは着席し笑顔で児童たちを見る(C)。

　ここで着目したいのは、トモは、「開始！」という発話の後、直ちに「はあー」と発話しているのではないということである。05の後、自らの視線を切り替え、児童に完全に視線を向けて1テンポおいてから「はあー」と発話しているのである。「開始！」と「はあー」との間にある間隙(.)はその1テンポを準備する十分な間として産出されている。これ以降の発話においても、トモは、児童に視線を継続して向けているなかで、あるいは他から児童に視線を切り替えた後に発話する。そして、教室内は笑いに包まれるのである。次に、トモの発話が児童に向けられていることを、下線部(A)以降ではなく、この日以外の場面をもとに検討したい。というのも、

第4章　児童間相互行為における非対称性の組織化

　この日から2週間後、同じ学級、同じ教師による理科の授業時間に、今度は「脈を測る」という類似の課題が行われ、同じようにトモが課題を妨害させるようなことをするのだが、児童たちの反応が対照的だからである。

【場面2】理科「脈を測る」

　教室内のトモや児童たちの座席、教師の位置は、場面1と同様である。教師の「ご、よん、さん、に、いち、はい」というかけ声で、児童たちは脈の計測を開始させるが、教師の「はい」に続けてトモが「はいしゅーりょー（終了）」と述べる（下記の略図（A）、以下同様）。クラスから笑いが生じるが、それはごくわずかなものであり、その笑いと同時にクラスを見たトモは、（笑いがすぐになくなると）真顔で児童たちを見る（B）。児童たちは脈の計測を続けており、教室内は静かである。すると、トモは着席したまま左手で机を叩きながら、「じゃじゃじゃじゃーん」と言いだし、その後笑顔で児童たちを見る（C）。だが、クラスからは笑いも一切生じず、誰も反応しない様子を見て、トモの表情からは笑顔が消える（D）。

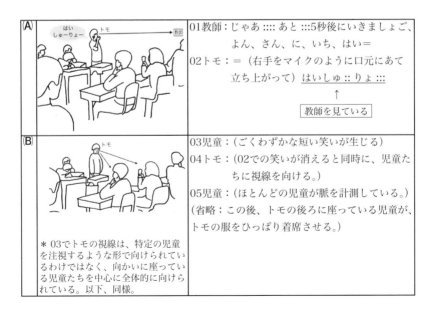

109

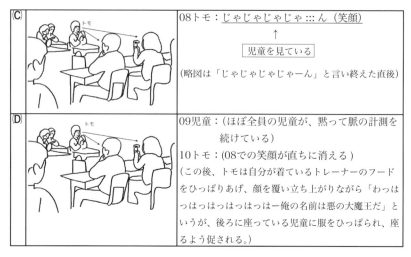

　2つの場面ともに、トモの発話は児童に向けてなされている。そのようなトモの視線は、自分の発話の宛先を示しているだけでなく、自分が期待するような反応を児童たちから獲得しようとしていたこともまた示している。それは場面1では、「1テンポの間」をおくことに示されていたのだが、場面2では、トモが期待するような反応を児童たちから得られないことで示されていく。つまり、場面2ではトモのふるまいによって、教室内が笑いで満たされはしない。場面2でのトモの表情の急な変更（09から10にかけての笑顔の消失）や真顔で児童を見渡すかのように視線を向ける様子は、場面1では見られなかったものであり、トモの期待が裏切られていることに対する彼自身の「当惑」を「観る」ことができるように思う。

2-2 「授業」という枠組みへの参加

　トモは、2-1で述べたように、児童たちが取り組んでいる課題を「妨害」していたわけだが、そのようにして引き起こされた授業の「脱線」自体には、たいした関心をもっていないのである。このことを、場面1でのその後の経過をもとに見ていこう。

第4章　児童間相互行為における非対称性の組織化

【場面1のその後】

　トモのふるまいによって吹き出したり、笑い出したりしたため、多くの児童の「息を止める」課題は早々に終了してしまった。(1)そのためか、私語はもちろん、「A (ある児童の名前) みたら鼻からも吸ってんじゃないの」「吸ってねーよばか」と大声でふざけ合う声も飛び交い、そのやりとりにさらに笑いが引き起こされ、教室内はざわつく。この間、トモはどうしているかというと、自分の席を立ち教卓へ行き、黙ってその上に置いてある小物を触り続けている。教室内の話題に参加することもなければ、課題を妨害することにも興味を逸したように見える。

　そのうち教師が、「はいじゃあもう1回いきます」「はいじゃー用意してくださーい。はい5秒前」と(2)課題の再チャレンジを宣言すると、その間にトモは自分の席へと戻り、教師よりもワンテンポ早くカウントの声をあげる。その結果、トモがリードするような形でカウントされていく。児童たちからは、「しー」、「トモちゃんやらなくていいよ」という声もあがり、笑いも起きる。笑いが大きくなり始めると、教師は「しー」と静かにするよう声をかけ (それにより笑いは徐々に収まる)、クラスのほとんどが息を止める課題に再挑戦し始めた。教師が「5秒経過」と言うと同時にトモが「しゅーりょー (終了)。結果はっぴょー (発表)」といい、またしても笑ってしまい課題が終了となってしまった児童からは、笑いながら「最悪だ、なんでだよ」という声もあがる。

　下線部 (1) のように、トモのふるまいを中心に引き起こされていた笑いが、途中からトモが介入しないものへと変化する。児童間のやりとりをもとに独自の話題で笑いがおき、児童たちは「盛り上がる」。トモのそれまでのふるまいは、下線部 (1) へと至った授業の脱線を引き起こしつつも、その延長として引き起こされた脱線自体にトモは関心を向けはしない。しかし、下線部 (2) のように、教師が授業の脱線を修正すると、トモの「妨害」は始まる。つまり、一貫して「授業」という本来のその時間で行われる主たる活動を注視して、彼のふるまいはなされているのである。

III

2-3　非対称性への視点

　教室内のメンバーが、場面1をどのようなものとしてつくり上げている
のかを検討する際、着目したいのが教師の対応の仕方である。この場面で
教師は、直接注意することはしない。教師の直接的な注意が及ばないのは、
児童集団のみでなく何よりそれを引き起こしているトモに対しても同様で
ある。

　考えてみるならば、場面1で教師の「はじめ」に対してトモが「開始！」
と発話を重ね、直後に「はあー」と息を吐き出させて見せた時に、教師は
授業を一時停止して流れを修正することもできたように思う。だが、その
ような試みはなされないままに、笑いが継続し騒々しさが増すクラス内で
教師は「ちょうど30秒くらいです」、「まだやってる人？いますね」という
ように、あくまでも課題を進行するための声かけを優先する。このような
教師の対応は、児童たちからなされる授業の脱線には与せず、本来の授業
の流れを追求することで今何を行うべき時間であるのかを提示するという、
場合によっては「直接注意すること」よりも効果的な指導の仕方であると
いえるかもしれない。

　そうであるとしても、【場面1のその後】にあるように、席を離れ、教卓
にい続けるトモに、教師は一切声をかけることはしない。そして、息を止
める課題を再度行うという状況において、教師よりもワンテンポ早くカウ
ントする（下線部（2）以降を参照）ことですら、そのままにする。それがきっ
かけで最初の試みは失敗し、しかもこのときは児童たちのなかから、「（ト
モに対して）しー」、「トモちゃんやらなくていいよ」という声があがってい
るのにもかかわらず、である。だからといって、教師はまったく注意して
いないわけではない。だが、その注意（教師による「しー」）は、トモではなく、
このときに笑っていた児童たちへ向けられるのである。

　この場面で教師は、トモのふるまいを予測し、いくらでもトモの参入を
阻止できるタイミングはあったように思う（たとえば、教師のカウントをトモ
が先取りしたり、声を重ねたりする時など）。だけれども、教師はトモに何らか

の声をかけることはなかった。すなわち、トモがこのような形で2回とも課題を「妨害」できたのは、トモの相互行為への参入が、教師によって注意の対象や修正の対象とはならずに、許容されることによってなのである。このような相互行為への特別な参与の仕方を許容する一連の教師の対応から、トモは授業を脱線させるべくただ単に「妨害している／ふざけている」と捉えられているのではない。むしろそれ以上のこと、つまり相互行為への参与の仕方として、「児童」という標準的なメンバーでは許容されない権限が与えられたメンバーとしてトモが捉えられていることを示唆している。いいかえれば、有徴性を帯びたものとして、トモのメンバーとしての能力性が想定されていることが見い出せるのである。

　そして、そのような教師の想定を支えているのが、児童の「笑い」である。笑いは、体系的に産出され社会的に組織化された活動である (Jefferson et al. 1987: 152, etc)。笑いは、公的な会話活動の位置をもち、先行する発話に対して関連性があり、結果として起こる次の行為になり得るという点で、他の非発話音とは区別される (Jefferson et al. 1987: 156)。つまり「ターン」として扱われ得る一方で、「一度に1人が話す」という会話の順番交替の規則の例外として、笑いは重複することができる (Sacks 1974: 347)。そのような笑いの成分によって、笑いが人びとに共有される時、その開始を詳細に見るならば、会話者は共有された笑いを同時にではなく、1人の話し手が笑いを開始し、別の者が続けざまに加わることを通して開始するのであり、その意味で笑いは笑いを引き起こし、笑いは笑いを誘う (Phillip 2003: 53-54) [2]。以降では、特に児童たちの示す笑いに着目していきたいが、笑いの連鎖は、トモのふるまいに対する児童たちの何らかの理解を表示していると考えられるのである。

2-4　メンバー性の確認作業

　その「理解」を明らかにするためにも、さらに別の日の理科の授業場面（場面3）を検討しよう。これまで登場したトモと教師のほかには、数名の児童が登場する。この場面でもっとも多く登場する児童が「岡田」であり、

それ以外に、岡田の隣の席に座っている女子児童（トランスクリプトでは「女児」と表記）と上野がおり、映像での座席を特定できない児童として、児童Aと児童B（それぞれトランスクリプトでは、「児A」、「児B」と表記）がいる。また、複数の児童たちによる笑いやざわついた声での発話はトランスクリプトでは「児童」と表記している。

場面3では、児童たちがプリントに取り組んでいる最中に、岡田がにわとりのような鳴き声で（おそらく、にわとりのものまねをして）「コーン、コーン、くるっくるー」といい始め、教師と女児から注意されるところから始まる。

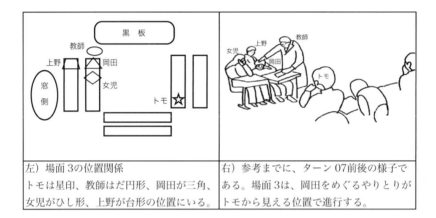

| 左）場面3の位置関係
トモは星印、教師はだ円形、岡田が三角、女児がひし形、上野が台形の位置にいる。 | 右）参考までに、ターン07前後の様子である。場面3は、岡田をめぐるやりとりがトモから見える位置で進行する。 |

【場面3】「注意」

hh は「笑い」を示す

01岡田：	こ::ん(.) こ::ん(.) こ::んここ:↑::ん (1.0) くるっくる:::↑::
02女児：	［うるさい
03教師：	［授業中うるさい
04岡田：	（教師を見て）あ. 俺すかhh. （女児を見て）hh 似てなかった今hhh？
05女児：	似てない. ぜ::んぜん似てない
06岡田：	あくるっくる:::
07教師：	（岡田に近づき彼の頭を上から抑えつけながら）はいじゃ::プリントを見てください
08岡田：	くぅ::::↑::
09教師：	［うるさい

第4章　児童間相互行為における非対称性の組織化

```
10女児：　　［うるさい
11トモ：　（岡田を指差しながら）岡田！そのおばかは何よ！
12岡田：　　hh［hhh［hhh::［::
13女児：　　　　［hh　［hhh
14児童：　　　　　　　　［hhhh
15トモ：　　　　　　　　　　　　　　［（手を叩きながら）わっ::hhhh:::
16児A：　トモちゃんに怒られてるぞ
17児童：　hhh:: どうした、どうすんだよ、何やってんだよ
18教師：　いいですか::？（2.0）いまいちにぎやかなんですが.
19岡田：　（椅子からすべり落ちるようにして机の下に入ってしまう）
20女児：　（岡田に向かって）ちゃんとしなよ
21岡田：　（机の下から出て椅子に座り直す体勢をとりながら）俺hトhモhちhゃ
　　　　　んに言われたらおしまいだ
22教師：　はい（.）まずパンですけど:::（2.0）あ:: もう矢印はいってるんですねこ
　　　　　れは（1.0）食物
23岡田：　（机に両腕と顔の半分だけ出した状態で）俺トモちゃんに言われたらおし
　　　　　まいだ
24教師：　食物でなんて書いてますかみなさんは
25トモ：　これこれ（岡田を指差して）岡田君-たら-何しとんの！
26児B：　トモちゃんうるさいよ
27岡田：　hhhh（椅子に座り直し）hh 小麦 hh
28トモ：　上野君た［ら
29児B：　　　　　［トモちゃん！
30教師：　小麦
31児童：　小麦
32岡田：　（振り返り後ろの席にいる上野を見る）hhhh 上野だ［って hhhh
33児B：　　　　　　　　　　　　　　　　　　　　　　　　　［トモちゃんの方が
　　　　　うるさいでしょ
```

　01でその場の状況からかなり浮いた様子で声を発する岡田に、直ちに教師と隣の席の女児が注意をする（02、03）。同様のやりとりを繰り返したところで、突如、トモが岡田を指差し「岡田！そのおばかは何よ！」と発話する（11）。何より場面1や場面2と異なっているのは、トモの発話が児童集団に向けてではなく、岡田という特定の児童に向けられている点であり、それは「ふざける」岡田を「注意」するものであるように聞こえる。そして、その注意に対して岡田本人をはじめとして笑いが生じるのである。

笑うことで彼らは何を行っているのだろうか。

　水川喜文は笑いを「隣接対」の観点から捉え、笑いは1つ前の活動に対するアカウントを示す活動であり、第2成分になりやすく第1成分にはなりにくいことを指摘する (水川 1993: 83)。この観点からすると、岡田の笑い (12) は、トモの「注意」という第1成分に対して第2成分として「笑い」で応答することが適切であることを示している。つまり、トモの「注意」は「笑いの対象」として位置づけられているのである。さらにサックスは、「自殺したい」という訴えがなされる時、それを聴くメンバーがその訴えをカテゴリー化するために、まず「本気」「冗談」という対照構造を利用することを指摘しているが、本章にとって示唆的であるのは、与えられた訴えに「冗談」のカテゴリーがあてはまる場合に、聞き手の唯一適切な応答は「笑い」であるという点である (Sacks 1972b=1995: 121-122)。つまり、自殺の訴えを「そのようなものとして受け取らなかった」場合に、「笑い」が生じるのである。もちろん、サックスのその論文における中心的な論点は「笑い」ではない。だが、前述の指摘から導かれるのは、「注意」－「笑い」という系列が生じる場合、「注意」が限りなくそのようなものとしては受け取られていない可能性、つまり岡田がトモの「注意」を「真面目には受け取っていない」可能性である。

　ここでもしかしたら、岡田をはじめその後の女児たちの笑いもトモが「注意したこと」それ自体に向けられているというよりも、「岡田！そのおばかは何よ！」という特徴的な発話デザインに向けられていると思うかもしれない。しかしながら、その後のやりとりを見ると必ずしも発話デザインのみに笑いがむけられているとはみなせないのである。たとえば、16の「トモちゃんに怒られてるぞ」という児童Aの発話である。つまり、ト・モ・に怒られるという事態はわざわざ指摘すべきものなのである。そしてさらに「トモに怒られる」という事態は、17でその直後の児童集団のなかから「何やってんだよ」という声があがっているように、注意されるべき事態でもある。そしてさらに岡田自体が「俺トモちゃんに言われたらおしまいだ」と2回も述べている。そのうちの最初のものは、笑いを入れ込みな

第4章　児童間相互行為における非対称性の組織化

がら発話される (21)。G. ジェファーソン (1985: 30) は、話し手が会話の
なかで扱いの難しい要素 (tendor component) を発話する際に、笑いながら
発話されることを指摘している。岡田の発話 (「俺hトhモhちゃんに言わ
れたらおしまいだ」) では「トモちゃん」が笑いと共に発話され、ここにおい
てもやはり「トモちゃんに (言われた)」ということが有徴化され、岡田にと
ってトモちゃんから何か指摘されることは「おしまい」という、自分にと
って致命的な事態であることが表明されるのである。そして最初の岡田の
その発話に対して誰からも反応がないという状況に直面して、再度岡田は
23でやり直す。つまり、その発話は岡田にとっては「自分がおしまい」で
あることを自覚するためのものでもなく、そのように「理解していること
／わかっていること」を周囲に伝えるためのものであったと考えられるの
である。

　しかしながら、そのような岡田の発話に明示的に反応したのは、「これ
これ岡田君 - たら何しとんの！」というトモであった (25)。だがすかさず、
今度は児童Bが「トモちゃんうるさいよ」と注意をするのである (26)。そ
してその後も、28でまったくそれまでとは違う人物の名前を出したトモ
に対して、強い口調でトモを注意していくのである (29「トモちゃん！」、33
「トモちゃんの方がうるさいでしょ」)。

　以上のことからいえることは、場面3においては徹底して、トモをめぐ
ってメンバー性の確認が行われているということである。他者が岡田を注
意するということは、その場の状況に即して考えてみた場合、「まっとう」
なことである。だがそのまっとうさをトモが実践する時、トモと岡田の間
のメンバー性をめぐる境界が危うくなるのであり、だからこそ16の「ト
モちゃんに怒られてるぞ」や21、23の「俺トモちゃんに言われたらおし
まいだ」とあえて発話することで、境界線を再度引き直し、自分が (相手が)
「どちら側」であるかを確認する必要が生じるのである。そして、この場
面で生じた笑いも、そのようなメンバー性の相違を前提としたなかで産出
される笑いなのである。

────────────────── 第3節　相互行為の非対称性と障害の多層性

　集団のなかで非対称的な相互行為が組織化されるとき、参与者はメンバー性の確認という課題に直面する。場面3は、そのことが非常に明らかな形で生じていたが、メンバー性の確認作業が行われていたことは場面1においても、さらには場面2においても同様である。場面1では脱線につながるような笑いを連鎖させていくという状況を、また場面2では逆に笑いの連鎖に反応しないという状況を、児童たちは「皆」とつくり出していたのである。それはまさに「児童」という「標準的なメンバーであること」を互いが示し合う過程でもあった。そしてその際、笑い／笑いの不在とは児童間の特定のメンバーに向けられ、その者に対する特定の理解を表示することで、差異化をはかり有徴性をつくり出す実践であった。つまり、笑いは非対称的な相互行為を組織化する方法的手続きの一端を成していたのである。そして、そのような非対称的な相互行為は、相互行為への参与のあり方と関わっている。

　さらにここで着目すべきは、ふるまい方をよく見てみると、トモは「授業」という枠組みに敏感に反応しながら、その場の相互行為に参与しようとしているようにみなせるということである。つまり、何よりトモ自身が積極的に「授業」という相互行為へ参与しながらも、有徴性を帯びたメンバーとして授業秩序のなかに組み込まれていた。トモのような相互行為への参与が成立するには、教師や周囲の児童によって許容されることが必要である。つまり、授業秩序の成立という観点から見ると、トモのふるまいはたしかに他の児童から笑いでもって対処されるという意味では「逸脱」として扱われているが、それが直ちにその場の相互行為への参与を認められないような「排除」へと向かうわけではない。有徴性を付与されつつも、そのようなメンバーとして独特の地位を与えられて教師や児童といった標準的なメンバーと関係を取り結ぶ。ここでは非対称性を前提として授業内

の相互行為に参与するあり方が実践されているのである。

　本章の場面の分析から示唆されることとして、次の2点を述べておきたい。第1には、児童におけるメンバーとしてのふるまい方の習得についてである。児童たちは一方でトモという有徴化された存在をつくり出しながら、他方で自分たちを「児童」という標準的なメンバーに仕立て上げることで、非対称的な相互行為を組織化していった。そのような独特の相互行為を展開させることは、いかなるふるまいが自らのメンバー性にとって適合的であるかを学習していく1つの機会となっているのではないかということである。

　そして第2には、障害の観察可能性についてである。本章では分析に先立ち、トモが特別支援の対象であることをあらかじめ述べた。もちろん、本章の関心は、すでに述べた通り場面を解釈する際の資源としてそのような知識を用いるのではなく、メンバーの能力性やメンバー性の相違に関連するものとして参与者が場面をつくり上げているあり様を読み解くことにあった。たしかに、この場面でトモは、他の児童から有徴化された存在として独特の扱われ方をしている。しかしながら、はたして本章ではそのような相互行為における「障害」固有のあり方を記述できたであろうか。たとえば、有徴性の内実が「いじり」あるいは「軽いいじめ」であったとしてもこの場面は理解可能ではないだろうか。

　このような疑問に対して、発話者や行為者を示す参与者のカテゴリーをトランスクリプトから実験的に消去した場合でもなお、障害としか説明のつかない相互行為を見い出すことができたとすれば「障害の観察可能性を記述できた」と述べることもできるかもしれない。しかしながら、そうでないとすれば本章の試みは「失敗」であって、まだ筆者が見い出すことのできていない障害を達成する上で決定的であるような「見られているが気づかれてはいないやり方」が存在しているのかもしれない。もし、そのように考えるのであれば、本章の分析に探究可能性は残されているといえる。

　しかしながら、日常生活のなかで特定の人物に対して有徴性が付与され

る際に、それが各参与者のいかなる「属性」に基づいて行われているのか
ということや、そもそも「有徴性を付与する」という行為が教育の場にお
いていかなるものとしてカテゴリー化されるべきものであるかということ
に関しては、参与者にとって必ずしも常に明確ではないことの方が多い
であろう。つまり、それらのことをそのつど明確にせずとも、参与者は相
互行為を進展させることが可能なのである。すなわち、とりわけ児童生徒
間集団において特定の児童生徒に障害と結びつく有徴性が明らかになる際
に、「軽度の障害」がそれ独自の固有のあり方として前景化されることがあ
る一方で、参与者にとってもまた、「いじり」や「いじめ」やそして「障害
（があるがゆえの扱い）」が前景化されるなかで「軽度の障害」が垣間見るこ
ともある。そのようなカテゴリーの「ゆらぎ」、あるいは別の表現を用い
るならば「多層性」のなかで、「軽度の障害」というものはまさにそのよう
なものとしてわれわれの目の前にあらわれ得るのではないだろうか。「ゆ
らぎ」や「多層性」を含み込みながら非対称的な相互行為が組織化される。
それこそが、明示的であったり不明瞭であったりするような形で観察可能
となるあり方が、「軽度の障害」の固有のあり方であるように思うのである。

注
1　堀家（2003）や吉澤（2008）では、いずれも「通常学級」を対象としており、「相互
　　行為の非対称性」につながる視点が共有されているといえる。特に、吉澤（2008）は、
　　中学校における通常学級におけるフィールドワークから、クラスの生徒たちが「特別
　　な支援を要する」生徒の行為に対して教室内の秩序を維持する仕組みとして、「回避」
　　「注意」「からかい・対抗」という対応をとっていることを指摘しているが、それは本
　　章にとっても興味深い点である。本章では、そのような健常／非障害の児童による
　　対応のみでなく、「通常学級における児童間相互行為」として、特別な支援の対象とし
　　て位置づけられる児童当人の関わり方（相互行為への参与の仕方）も視野に入れて検
　　討することにしたい。

2　場面1で、トモの「はあー」に対して生じた笑いは、本来「授業」や「息を止める」
　　というその場の文脈における規範的要請の「ゆるみ」を可能とし、その後の「脱線」
　　が産出される資源となっていた。

第5章

ADHD 児の問題行動と服薬をめぐるエスノグラフィー
――学校において服薬の効果が妥当性のあるものとして構成されるしくみ――

　序章で「教育の医療化」に言及したが、本章ではそれに関連する経験的研究の1つの試みとして、医療と教育が接点をもつような場面を検討する。それは具体的には、学校において「ADHD (Attention-Deficit/Hyperactivity Disorder、注意欠如・多動症 / 注意欠如・多動性障害)」のある児童の問題行動への対応をめぐって、「服薬の有無」が問題化されていく場面である。ADHDは、現時点で子どもに対する服薬による治療がかなりの程度普及しており、教育の医療化が「見やすい」障害でもある。

─────────────────────────────── **第1節　はじめに**

　2012年、NHK の情報番組「クローズアップ現代」において「"薬漬け"になりたくない～向精神薬をのむ子ども～」が放送された (6月13日放送)。「薬漬け」という衝撃的な番組タイトルにも示唆されるように、学校において問題を抱える子どもたちに向精神薬が処方される傾向があり、それを服用した子どもたちが副作用に苦しんでいる。そして学校と医療を接続する「ハードルの低さ」を訴えるとともに医療側の不適切な処方の問題性をつきつける内容であった。この番組を裏付けるかのように、2014年には小児患者に対する向精神薬の処方件数が近年増加傾向にあるという調査結果が発表された (奥村・藤田・松本 2014)[1]。この調査結果においても取り上げられている ADHD の治療薬は、抗精神病薬や抗うつ薬とは異なり、当初から小児を対象として使用が承認された経緯からも、子どもに対して容

易に処方される。そして、子ども自身にとっては、自分たちが「生きていく場」あるいは「生きていかざるを得ない場」で障害をコントロールするために薬を飲む。本章では、多くの子どもにとってそのような場である「学校」における「ADHD」と「薬」との関連性に焦点をあてる。本章の関心をさらに述べるために、まずは「ADHD」と「薬」それぞれについての基本的な情報を確認する必要があるだろう。

──────────────── 第2節　ADHD の基本的特徴と治療薬

2-1　ADHD の基本的特徴

ADHD の特徴は、DSM-5によれば「機能または発達を妨げるほどの、不注意と多動性－衝動性、またそのいずれかの持続的な様式」(American Psychiatric Association 2013=2014: 60) にあるとされる。ADHD と診断されるには「不注意」「多動性」「衝動性」という基本的特徴のうち複数が、12歳になる前から2つ以上の状況 (たとえば、家庭と学校など) において少なくとも6ヶ月持続することが必要である。そして、その際にはそれらの基本的特徴が、社会的、学業的、または職業的機能を損なわせている、またはその質を低下させているという明確な証拠が求められ、しかも単なる反抗的態度、挑戦、敵意などの表れや、課題や指示を理解できないことではなく、統合失調症や他の精神疾患では説明できないことが必要である (American Psychiatric Association 2013=2014)。

ADHD は「新たな障害」と位置づけられるように、日本において着目されはじめたのは1990年代後半である。この頃から、医学的観点からの研究が進み、新聞に取り上げられるようになるとともに、教育の領域では、1990年以降学習障害が着目されるなかで、その近接領域であった ADHD もまた注目を集めるようになった (佐々木 2011)。

2-2　治療薬の認可の経緯と処方の増加

　現在、ADHD の治療薬として承認されているのは、「メチルフェニデート（商品名「コンサータ」）」と「アトモキセチン（商品名「ストラテラ」）」である。日本においてはまず2007年にコンサータが小児（6〜18歳）の ADHD 治療薬としてはじめて承認され、2008年から発売された。その後、2009年4月にストラテラが同じく小児の ADHD 治療薬として正式に承認され、2010年には両者の使用はほぼ拮抗するようになる（日本発達障害福祉連盟編 2011；日本発達障害連盟編 2013, 2014）。ADHD は脳内の神経伝達物質であるドーパミンやノルアドレナリンの作用が不足する傾向にあるとされ、コンサータやストラテラを服用し神経伝達物質を調整することによって、不注意、多動性、衝動性を改善する効果があるとされる（中川 2012: 23）。しかしながら、これら2種類の薬剤は特性が同一ではなく、理論的には不注意症状にはストラテラが、多動性・衝動性にはコンサータが効果を認められている（ただし、個人差もあり臨床的にはそれほど明確な差異はないとされる）（日本発達障害福祉連盟編 2011: 51）。とはいえ、副作用もある。コンサータの副作用としてもっとも多いのは食欲不振であり、内服者の3割前後に認められる。他にも初期不眠（内服の初期に夜寝付けなくなること）や頭痛が認められる。ストラテラのもっとも多い副作用は頭痛であり、続いて食欲減退、胃部不快感や吐き気が伴うこともあるという。内服による効果があがっており副作用も許容される範囲内であれば薬を中止する基準には該当しないが、両薬ともに副作用を医師と相談しながら対策をとることが勧められる（荒木 2012: 59-60）。コンサータもストラテラも薬としての特性に相違があるために、子どもの現状に即した薬剤選択ができ、治療の幅が広がっているとみなす向きもあるが（荒木 2012: 56）、ここでいう「治療」とは「治癒」を意味していない。薬効が作用している間——副作用とひきかえに——不注意、多動性、衝動性という「障害の軽減」を可能とする。逆にいえば薬効がなくなれば——副作用も消失するとともに——本来の「障害」が表出する。このように、一種の「対症療法としての治療」である。

　前述した通り ADHD 治療薬は「小児のための薬」として認可され普及し

たという経緯もあり、子どもへの処方はこれまで積極的になされてきたと考えられる。そうであるとはいえ、前節で言及した「子どもに対する向精神病薬の処方件数の増加」という調査結果から浮かび上がるのは、「ADHDの子ども」と「薬」をめぐる密接な結びつきである。医師がADHDの子どもに対して「薬を処方する」ということは、診察の結果導かれる「あたりまえ」の手続きとなりつつあり、また受診する子ども自身や保護者にとっても、薬の処方と服用はそれほど驚くべきことではなくなりつつある。治療薬による対応が、ADHDという障害の対応として有効な選択肢となっているのである。

2-3　本章の関心

　このように、今やADHDという診断を受けることは、医療機関の定期的な受診－薬の処方－服用という一連のサイクルのなかに位置づけられることでもある。医師は、小児のADHDに対する安全性はもちろん"効果"が確認されているという科学的エビデンスに基づいて薬を処方する。そして、ADHDの子どもとその保護者も"効果"を感じるから服用する。コンサータもストラテラも対症療法とはいえ治療薬である以上、「不注意」「多動性」「衝動性」を抑制する何らかの"効果"が認められるのかもしれない。つまり、副作用を超えて子どもの服薬行為を支えているのは"効果"である。服薬の"効果"は、医療と家庭のみならず、次に示すように教育という領域にも浸透している。本章では、学校という場におけるADHDと薬との関連性に焦点をあてる際に、その"効果"なるものに着目したい。すなわち、"効果"としてもたらされる、〈薬によって不注意、多動性、衝動性が抑えられる〉という認識が学校において妥当性のあるものとして構成される「しくみ」とは何かということである。

第5章　ADHD児の問題行動と服薬をめぐるエスノグラフィー

──────────────────────────────── 第3節　分析に先立つ情報

3-1　対象となる児童の「ADHDの診断」と「薬」をめぐる生育歴

　本章では、ADHDとされるある児童をめぐるエスノグラフィックなケーススタディをもとに前述の問いを検討していく。

　検討の中心となる児童は、小学校1年生で名前をワタルという。ワタルの母親と祖母によると[2]、ワタルは1、2歳頃から「結構落ち着きがなく、座ってられないという感じ」だったが、母親にとって第一子だったため、「子どもってこんな感じか」と捉えていたという。2歳から地元の保育園に通園し始めるが、そこで「脱走」を繰り返すようになった。祖母からすればワタルは寝返りも歩き始めるのも早かったことから「運動神経が良いのかなくらいにしか思ってなかった」が、この頃より保育士たちからワタルの行動について度々報告がなされるようになったという。一方、母親は、ワタルが3歳児クラスにあがった頃に「あれ、なんかちょっと違うかなっていう感じ」を抱くようになり、医療機関を受診したところ、ADHDの診断を受けたという（診断はワタルが3歳半の頃である）。そして診断書を提出したところ、保育園ではワタルに加配の保育士を配属してくれることになった。

　薬は、母親によると、診断がおりると直ちに処方されたという。当初は、薬を「飲ませるもんなんだっていうのもあったんで、飲ませてみた時期もあった」。だが、「ちょっと強い（ようで）、1回飲ませたらもうへえってなっちゃってー」、「（食事を）食べれなくなっちゃう」ために、「もともと3歳の頃に出されても、ほとんど飲ませてはいなかったという。したがって、保育園の頃は、母親の判断で「たまにみんなで遠足とか、運動会とか、なんかこうみんなで行動しなくちゃいけない時は、ちょっと場面を見て飲ませるっていう形にしてた」ようだ。

　だが診断をきっかけとして、何より母親自身が「多動に対して対応する

知識をもって一、本とか読んだりとかして」対応の仕方を身につけるように
になった。また、「保育園の先生とかも病院に一緒に行ってくれて一、で、
自分がその保育園で、ワタルに対して対応しているそのやり方が間違って
いるかどうかっていうのを先生（医師）に確認してくれた」ように、保育園
全体でワタルに対して手厚い取り組みもなされていたようである。そのよ
うな経験を経て、母親は服薬せずともワタルは「対応次第で全然違ってく
る」ことを学び、ワタルに対する「声かけ」の仕方を工夫するようになっ
たという。したがって、保育園時代は定期的に通院し治療薬の処方を受け
続けたが、実際には服薬させずに過ごしていた。そして「3歳、4歳くら
いのときは運動会とかも出れなかったりとか、出れない種目とか」もあっ
たが、徐々に集団生活に適応し、行事にも参加できるようになり、「年長
さんになった時には、運動会も（お遊戯会での）劇も完璧にやっていた」と
いう。このように、保育園全体でのワタルに対する対応をもとに、「普通
に生活できそうな感じまで来ていた」という。

　ところが、「小学校に入ったらもうやっぱりがらってなっちゃって、わ
ー て抵抗して」、「身体も大きいんで、暴れたりとかして」とワタルの問題
行動が突出するようになる。就学前の学校との打ち合わせでは、国語と算
数は支援学級で、他は通常学級で過ごすということになっていた。だが、
入学式の日に「教室に入れない」ということがあり、入学後に通常学級
の担任から呼ばれ「朝の会と給食以外は支援学級でということに変更」に
なったという。そのため、ワタルは通常学級と支援学級の両方に在籍し、
通常学級に登校し「朝の会」を終えた後、体育や美術、音楽等の特定の教
科や給食、清掃、「帰りの会」以外は日中のほぼすべてを支援学級で過ごし
ているという状態であった。

　また、薬については、学校からは「もう小学校入ってからは必ず飲ませ
てくださいって言われ」（入学当時はコンサータを服用）、「小学校に入ってから
初めて毎日こんなに継続して飲ませている感じ」になる。そして、「全然も
う食べれなくなっちゃうしー、体重は落ちるしー、お腹は痛い」という副
作用に悩まされ、入学以降ワタルは学校では給食が食べられない日が続き、

祖母から見てもワタルの身体が「細くなってるのがわかる」というように、体重が減少していくのである。そのことを母親が医師に相談したところ、胃薬を処方されたが、副作用は解決されなかった。今度は、別の治療薬（リスパダール。広義の向精神薬の一種で、自閉症スペクトラム、行為障害、双極性障害等に見られる攻撃性、衝動性、興奮などの症状に使用される）を処方されが、その薬ではワタルは「授業中に眠くなってしまう」。最終的には、副作用をとるか効果をとるかのいずれかということで、副作用の根本的な解決には至らなかった。結果的には、「最初は、やっぱ（病院に）行った方が良いかななんて思っていたんですけど、行かないとだめでしょくらいの感じの時もあったんですけどー」、「そこではちょっと解決しないのかなーって」と母親自身も、医療機関の変更を含めて薬以外の「解決」を模索し始めるのである。そしてその「解決」の方向性として、母親は ADHD の解説本を通して習得した知識および保育士の「対応の仕方」や「声かけの工夫」に求めていた。

　筆者を含めた共同研究グループが2014年の5月ごろ、ワタルとその母、祖母に出会った時、彼女たちは「食事を取れないで痩せ続けていく」ワタルの姿に直面し、そのことを訴えても有効な解決策を提示できない医師に不信感を募らせていた。そしてそれは「薬」それ自体への不信感でもあった。一方、学校との関係では、学校（担任）はワタルに服薬することを求め、「毎朝必ず飲ませてきたかどうかを確認する」という作業がルーティンとして通常学級と支援学級の担任からなされていた。そして母親はワタルの訴える食欲不振や腹痛という副作用から薬を「飲ませたくない」と思っていたが学校に説得的に伝えられず、そして何よりワタルが毎朝「給食が食べられないから飲みたくない」、「学校に行きたくないから薬を飲まない」と暴れるという、まさにこのような状況のなかで参与観察は開始されたのである。

3-2　〈薬によって不注意、多動性、衝動性が抑えられる〉という認識の前提

　〈薬によって不注意、多動性、衝動性が抑えられる〉という服薬することで得られる効果の認識（以下頻出するため、本項でのみ「効果の認識」とする）

についてあらかじめ次のことを確認しておきたい。それはこの認識は医療の領域においては、いわゆる「治験」等を経た医学的・科学的な検証の結果であるということである。つまり、"効果"の宛先として想定されているのは「ADHD児」という集合的カテゴリーである。そして「効果の認識」の妥当性は、まずは瑕疵なく治験をクリアし得たかどうか、そしてその後反証となる研究結果が産出されていないかどうか、あるいは「重大な副作用」が社会的に発生していないかどうかといったいくつかの条件によって判断される。一方、家庭や教育の領域では、"効果"の宛先はADHDという診断を受けた個別具体的な子どもに向けられる。つまり、「効果の認識」の妥当性は、ある特定の子どもが治療薬を服薬した結果、周囲が感受する「変化」に依存している。そして、「変化」である以上、その認識それ自体には、服薬している状態としていない状態との個人レベルでの「比較」という観点が含まれている。

　したがって、本章が対象とする教育の領域——学校——においてもまた、「効果の認識」には、ワタルに関する「比較」や「変化」の観点が含まれて語られている（下記のインタビューの傍点部分を参照）。下記のインタビューの抜粋は、参与観察が開始される直前に通常学級と支援学級の各担任に実施したものである[3]。

　⑴通常学級担任（副作用でワタルが給食を食べられないという話しを受けて）
　教師：薬って、あってないとかないんですかね？もう少しなんかあの薬を、それでも服用している時はだいぶ落ち着くんで―飲んでもらいたいと思うんだけども。

　⑵支援学級担任
　筆者：あの薬を飲むと違いますか？ワタル君の行動は？
　教師：ぜーんぜん違います。
　筆者：違います。

第5章　ADHD児の問題行動と服薬をめぐるエスノグラフィー

教師：はい

筆者：どういう風に違う？

教師：うーんと飲んでこない状態だと、指示が全く入らないですね。

　教師たちにとって「効果の認識」に示されるような「薬への信頼」は根強いものがある。しかしながら、それはたとえば生物学的研究で採用されるような「客観的」な手続きを経て、「比較」や「変化」をそのつど検証した結果などではない。教師たちが経験的に感じることのできた「比較」や「変化」である。だからといって、教師たちが感じた「比較」や「変化」が信頼できないということではない。「経験的に感じる変化」をまさに教師たちに「経験させる」状況があるのだ。以下では、そのような状況とはいかなるものであるのかを、学校における「薬」というカテゴリー（以下、薬カテゴリー）の運用のされ方に着目して検討していくことにしたい。

──────────────── **第4節　学校における薬カテゴリーの運用**

4-1　問題行動の可視化とフィールドノート

　本章で検討するFNは、W小学校での最初の調査日に生じた出来事のなかで、「薬」をめぐるやりとりを抜粋し、時系列順に［1］〜［5］の番号と見出しを付けたものである。

　まずは、FN［1］（3時間目・図書コーナーにて）から見ていくことにしたいが、その前にいくつかの説明が必要であろう。この日の3時間目は「生活科」の授業であり、作品を製作する時間であった。ワタルは支援学級で製作に取り組んでいる途中で、他の児童と言い争いとなり落ち着かなくなってしまった。そこで、支援学級の担任の指示で、調査者である筆者が付き添い教室を出て図書コーナー（図書室を小さくしたようなスペースで、椅子と机があり多目的に利用できる空間）へと移動した。そこで支援学級の担任に指示されたプリントに取り組み、ちょうど終えたところに支援員のA先生が

登場する。A先生は15年間働いているベテラン支援員である。支援員とは、W小学校が位置するW市に制度として設けられているものであり、児童生徒のサポートが主な業務である。支援員には教員免許の取得は求められないが、一般の「教員」のように児童生徒の前にたって「教える」ことはできない。また、W市における支援員制度の趣旨として、必ずしも特別支援教育の対象となる児童生徒を専門に支援するというわけではない。また、特定の児童生徒に専従するということも本来の支援員のあり方とはされていないが、W小学校ではワタルの抱える困難の程度を鑑みて、A先生がワタルを担当することになっていた。

【FN［1］3時間目・図書コーナーにて】

【前半】

11:00すぎに支援員のA先生が登場する。(省略) A先生は、「(1・2時間目に作った) ボックスをもって○○先生 (通常学級の担任名) のところへ行きましょうよ」と声をかけるが、ワタル君は本棚の方へと逃げ込み、「本よんでー、ねー本よんでー」とA先生にせがむ。通常学級へ連れて行こうとするA先生とワタル君の応酬が開始される。時間はどんどん過ぎて行き、11:20頃になる。

A先生：25分で3時間目おわっちゃうからーこれだけでも作ったって持っていこうよ。じゃあカウントするよ。ゆっくりいくつ？ 10、10でいい？
ワタル：そうじゃない21。
A先生：21、いいよ。いくよ。
ワタル：おくせんまーんおくせんまーん。
A先生：今21って言ったじゃなーい。
ワタル：おくせんまーんにしないとワタル行かないからね。
A先生：じゃあずっとここにいるの？
ワタル：やだやだやだやだ。
A先生：じゃあ今度ここには来れないね。
ワタル：足でけっとばしてー死んじゃったーA先生爆発ーどかんて死んじゃったー

第 5 章　ADHD 児の問題行動と服薬をめぐるエスノグラフィー

A 先生：ワタル君 (作品を見て) これ 1 人で作ったの？
ワタル：つくった、ダイバー。
A 先生：何つくったの？
ワタル：こわしだんだよ、こわしだんよそれー。

　カウントする時間だけそのスペースにいて、移動させようとするが結果
的に従わない。無理矢理手をひっぱる A 先生にワタル君は「死ね、くそば
ばー。脇の下汗臭いばばー」と暴言を吐く。しまいには手を出して先生の
お腹にパンチをする。足をばたばたさせて蹴ろうとする。私 (筆者) は「手
伝ってほしい」と A 先生から依頼され、A 先生がワタルをなだめすかし、
ひっぱり出すような形で何とか図書コーナーからは抜け出した。だが、ワ
タルは廊下で寝転がったままでいる。数人の先生に声をかけられる。A 先
生が抱きかかえようとしたところ、偶然通りがかった 2 年生の担任教員が
「歩かせて」と厳しめの口調で言う。A 先生は「はい」と答えるが、ワタル
はそれでも動かない。そこへ最終的に養護教諭が通りかかる。
【後半】
　A 先生：鶴田先生にぜーんぶメモして書いてもらいますからね。おかし
　　　　いよ今日。薬飲んできてないから、飲んできたごっくんてー？今日は
　　　　給食食べれるのー？ごっくんしてないの？
　ワタル：うんしてない。だした、ぺーってぺーって。
　A 先生：お薬飲んでないって。
　養護教諭：そうなんですねー飲み忘れたの？
　A 先生：お口には入れたの？
　ワタル：入れてないもん。なーんにも入れてないもん。
　筆者：あ、飲んだってお母さん言ってましたよ。
　A 先生：ごっくんした？
　ワタル：してない。斧でつぶしてごくごくびしゃって
　養護教諭：○○先生 (通常学級の担任名) に (ボックスを) 見せに行こう
　　　　よ。かっこいいバック。○○先生喜ぶよーみたらー。ここでごろんと
　　　　してると危険だよー。

　上記の FN の前半では、教師の指示にまったく従わず、暴言を吐き、拳
で腹部にパンチをし、蹴ろうとするというワタルの行動が描かれている。

それらの行動をいわゆる問題行動と位置づけたとしても、おそらく大きな疑問は生じないであろう。しかしながらその一方で、このFNは、ワタルの問題行動を効果的に可視化させるよう組み立てられてもいる。

【FN1】「前半」からの抜粋

　カウントする時間だけそのスペースにいて、移動させようとするが⑴結果的に従わない。⑵無理矢理手をひっぱるA先生にワタル君は「死ね、くそばばー。脇の下汗臭いばばー」と暴言を吐く。しまいには手を出して先生のお腹にパンチをする。足をばたばたさせて蹴ろうとする。

　上記のみを見たとすれば、教師があれこれと手を尽くすが、⑴「結果的に従わない」結果、⑵無理矢理手をひっぱられ、暴言と暴力へといたる様子が記述されている。しかしながら、その前の状況を見れば、⑴にしても、FNの冒頭で「本を読んでほしい」というワタルと通常学級に連れて行きたい教師というように、両者の希望が合致しない時、それまであれやこれやと交渉（応酬）していたにもかかわらず、「授業が残り時間5分になった」という理由でA先生は、突如交渉を切り上げ（ざるを得ず）「カウント」に入る。そして、それに納得できないワタルの姿が浮かび上がる。つまり、ワタルはただ単に「結果的に従わなかった」のではなく、「授業1時限あたり45分」という時間単位で活動に区切りをつけようとする「45分の拘束」が、ワタルの「問題行動」を可視化させる契機となったともいえるのだ。次に⑵である。これも同様に、「教師」側が有する「45分の拘束」があるからこそ「無理矢理手をひっぱる」ことになるのだが、時間内の移動が正当とみなされている場においては、そのこと自体は問題化されない。おそらく、教師による「無理矢理手をひっぱる」という行為と比較した場合のワタルの「発言」と「行動」は度を超えているとみなされる。そもそも、筆者はワタルの「暴言（死ね、くそばばー。脇の下汗臭いばばー）」は明確に記録しているのに対して、「手をひっぱる」時の教師の発言は記録していない。そして実際にこの時の教師の発言は筆者の記憶には残っていない。おそらくそれは

第5章　ADHD児の問題行動と服薬をめぐるエスノグラフィー

教師が無言であったからというよりは、筆者には特に意識することができずに割愛可能であったのだろう。つまり、ワタルの発言のみを「暴言」として詳細に記録することが可能であるのは、「授業中」という状況定義において「児童」が「教師」に対して行う発話として著しく「問題」であるとみなせたからなのだ（そこにはすでに筆者の「観察」が組み込まれている）。

　上記のFNを「素直」に見れば、ワタルの行動を「問題行動」として見よという指示のもとFNを組み立てるために使われた（割愛された）事柄は背景に退き、ワタルの困難さばかりが浮かび上がる。だからといってこのFNが現実の「歪曲」に加担した結果であると主張したいわけではない。筆者ではなく「社会のメンバー」としての資質を備えた他の者が参与観察を経てこの場面のFNを作成したとしても、おそらく大きく異なる現実が描かれるわけではないと思う。つまり、社会のメンバーとしての能力に基づいて、ワタルの行動を「問題行動」として可視化させるようこのFNは再構成されているのである。そうであるからこそ、「他の人々に理解できる形で作り上げようとしている『事実』」（Smith 1978=1987: 92）に接近することが可能となる。このような観点から、薬をめぐる参与者たちのやりとりを理解可能な形で再配置したこのFNが、「薬」カテゴリーの運用を探究する上で有意味な「データ」になり得るのである。ここで述べた事柄（「45分の拘束」等）は「構造的制約」としてのちに言及することにしよう。

4-2　解釈のドキュメンタリーメソッド

　FN［1］を検討する視点として「解釈のドキュメンタリーメソッド」（Garfinkel 1967）を導入したい。ガーフィンケルによれば、「この方法は実際の外見を、その背後にあると前提されたパターンの『ドキュメントとして』、または『それを指示するものとして』、さらに『その事例として』取り扱うことからなる。背後にあるとされたパターンは、個々のドキュメント的例証から引き出されるだけでなく、今度は個々のドキュメント的例証が、背後にあるとされたパターンとして『知られていること』に基づいて解釈される。つまりそれぞれが互いをエラボレートするのに用いられてい

るのである」(Garfinkel 1967: 78)。

　ガーフィンケルが解釈のドキュメンタリーメソッドという人びとの方法を記述するために行ったのが、有名なカウンセリングの実験であった(Garfinkel 1967: 79-88)。ごく簡潔に説明するならば、ガーフィンケルは学生にある実験に参加させ、学生にカウンセラーに対して、自分がアドバイスを受けたいと思っている問題について説明させてから、「はい」か「いいえ」で答えられる形式の質問を10個するよう求める。そしてカウンセラーはその質問に「はい」もしくは「いいえ」とのみ回答するのであるが、その答えは前もってランダムに決められている。したがって、実際には学生が語る問題や質問の内容とは全く無関係にカウンセラーは回答していたのだが、学生はそれぞれの回答を「ドキュメント」として背景にある「パターン」へと結びつけて解釈することにより、ランダムに決定された答えに意味を付与していく。学生はこのようにして「正当なカウンセリングの地位を与え続ける」(Garfinkel 1967: 94) ことで、「カウンセリング」を「成立」させていったのである。つまり、この方法は人びとがある現象を説明可能とするために用いているやり方の1つであり、次々に発生する発言や活動という現象を「ドキュメント」として、その背後にある「パターン」と結びつけていく解釈の実践を指す。

　われわれは解釈のドキュメンタリーメソッドを用いて、「いま - ここ」の出来事はもちろん、「現在進行中の出来事をリソース (源泉) として使うことによって、過去の行為を解釈したり、それに新しい意味を見出したり、与えたりする」(Coulon 1987=1996: 93) のである。もちろん、ガーフィンケルが「解釈のドキュメンタリーメソッドの使用例は社会学的研究のどの領域からでも取り出すことができる」(Garfinkel 1967: 94) と述べるように、本章での FN が一貫性をもって意味のあるものとして提示可能であるのは、筆者自身もまた FN を組織化するにあたりこの方法を用いていたからに他ならない。だが、ここでは筆者というよりも、A 先生が従っているドキュメンタリーメソッドに接近しよう。

4-3 「問題行動」への「対応」としてのFタイプとCタイプ

　FN［1］は教師の対応の仕方に基づいて前半と後半の2つに分類可能であるように思う。そのうち前半を「Fタイプ」、後半を「Cタイプ」と呼ぶことにしたい。教師の対応のあり方として、Fタイプとは「将来（Future）」に向けられているものを指し、Cタイプとは「原因（Cause）」の探究に向けられるものを指す。

　まず両タイプに共通していることは、教師はなんとかその場の相互行為を進行させるように、ワタルに働きかけているということである。そして教師にとってはワタルのそれぞれの発話やふるまいが個々の「ドキュメント」として、その背後にある「ADHD」という「パターン」に結びつけられて解釈されている。そうでなければ、「Fタイプ」のなかで教師がワタルを通常学級へ連れて行くために突如「カウント」を導入することも、また、図書コーナーへの再訪の可能性がなくなることを告げる教師に対してワタルが「足でけっとばしてー死んじゃったーA先生爆発ーどかんて死んじゃったー」と「特異」な返答をしたことも、さらに（それにもかかわらず）教師はその返答をなんでもないことのように「これ一人で作ったの？」と作品へと話題を転換させたことも、すべてが理解可能とならない。つまり、「ADHD」というパターンがあるからこそ、教師は理解可能なものとしてやりとりを続けていくことができている。

　そして、ADHDというパターンはワタルの発話や行為（ドキュメント）の背後にあるとされる原因そのものでもある。だからこそ、教師はワタルのそれぞれのドキュメントに対して、その原因を探究することなくひたすら通常学級へと連れて行こうとすることが可能となっている。つまり、ワタルのドキュメントはすべて彼が「ADHDであるがゆえの問題行動」の表れとみなされ、教師の発話や行為はそれに対する「対応」として、タイプFは進行する。教師の対応はすべて現在の問題行動の「解決」として「通常学級へ行かせよう」とする「将来」へ向けられている。

　しかしながら、教師の対応の仕方が明らかに切り替わるところがある。Cタイプへの転換である。「おかしいよ今日。薬飲んできてないから、飲ん

できたごっくんてー？」と、時間軸を逆行する原因探究へと教師の発話が向かうのである。そしてその際に運用されるのが「薬カテゴリー」である。つまり、教師はそれ以前のワタルの「指示に従わない」、「問題行動」と記述可能な数々の行為を「薬を飲んでいない」という原因に関連した「ドキュメント」とみなして、ワタルのこれまでの発話や行為を理解しようとしている。別の表現を用いるならば、ここで教師は、ワタルの過去の行動を現在の新たな情報（今朝、薬を飲んでこなかった可能性がある）に照らして再解釈しようと試みる「遡及的解釈（retrospective interpretation）」（Kitsuse 1962: 253）を実践しているのだ[4]。もちろん、このような遡及的解釈が教師からなされるためには、「ワタルが必ずしも毎朝服薬してから登校しているわけではない」という推論が成り立つからこそ、「原因」として薬カテゴリーが運用される余地が生まれるのであろう。原因探究という時間軸を逆行するCタイプは、一見非生産的であるように思える。というのも、ワタルの服薬の有無を「今」問題としたからといって、「通常学級へ移動させたい」という「将来」にはなんら資することがないように思えるからである。しかしながら、原因探究（C）として「薬」というカテゴリーを教師が持ち出す時、やはり「将来（F）」が志向されているのである。それはそれまで想定していた「授業時間内に通常学級へ移動させる」というFタイプで目指された将来ではないとしても、翌朝以降、「服薬を徹底させるよう保護者に依頼する」という「将来」である（そしてそのことにより「今」の問題行動のひとまずの「解決」を図る）。再びJ. I. キツセの視点に戻るならば、遡及的解釈はそのような解釈を行う者にまさに「これは昔からずっとそうだったのだ」という結論を支持する証拠を与えるのである（Kitsuse 1962: 253）。すなわち、タイプFを試みた後にタイプCとして薬カテゴリーを運用すると、それまでの教師の対応の仕方が「失敗」や「まずさ」としては前景化されない。教師の対応が上手くいかなかったのは、他ならぬ「薬」にあったからなのだという結論を導いていくのである。

　しかしながら、FN［1］後半に戻るならば、通りかかった養護教諭とともに教師は服薬の確認を始めるが、ワタルが服薬していたのかどうか必ず

しも明らかとならない。ちなみに、筆者はこの時、「あ、飲んだってお母さん言ってましたよ」と述べている。実はこの日、ワタルの登校時に筆者は母親から、今朝「薬を半錠くらいとかしたところでワタルは『ベー』と薬を吐き出してしまったが、通常学級の担任に服薬の有無を確認された際に『飲みました』と答えてしまった」ということを聞いていたのだった。したがってこの日のワタルは正確には「飲んだ」とも「飲んでない」ともいえないグレーの状態であったいえなくもないが、筆者の発話は、この時点での教師の遡及的解釈を否定するようなものとなっている。だが、それは取り上げられることなくやりとりは進んでいく。

4-4　Cタイプの連続としての薬カテゴリーの運用

FN［1］の後、結局授業時間内にワタルを通常学級へ行かせることはできず、そのまま特別支援学級へと連れて行く。到着するとA先生は支援学級の担任に図書コーナーでのワタルの様子について報告した後、次のように述べる。

【FN［2］支援学級にて】

> A先生：お薬飲んだって言うんですけどー私にはこっそり飲んでないって言うんですよ
> 支援学級担任：最近お母さんプリンに混ぜて食べさせてますって言ってたけどねー

A先生は、「（調査者である筆者は）お薬を飲んだ」と主張するが、「（ワタル自身は）飲んでない」と言っていると述べている。ここにおいても「問題行動の報告」→「原因探究としての薬カテゴリーの運用」（Cタイプ）が実践されている。だが、支援学級の担任は、A先生からの報告をその通りには受け取ってはいないようだ。そして4時間目、ワタルはA先生とともに「クールダウン」のため保健室で過ごし、給食の時間から通常学級に参加することになった。

【FN［3］給食（通常学級にて）】

> ワタル君は野菜が嫌いのようだがよく食べている。A先生は私に「薬、飲んでない」とワタル君の食べっぷりを見て言う。おかわりを持って来た通常学級の担任にも「薬飲んでませんよ」と伝える。通常学級の担任は「ああ」という感じで短く応答し「おばあちゃんのより（給食は）美味しい？」とワタル君に尋ねる。

　「もしワタルが服薬したとすれば、副作用により給食は食べられないはずである」、にもかかわらず「食べられているとすれば、今朝は服薬していない」という一連の推論過程がA先生のなかで成り立っていることは明らかである（だからこそ、FN［1］で「飲んだ」と発言した筆者に上記FN［3］では「薬、飲んでない」と修正できる）。給食を食べるかどうかが、ワタルが確実に服薬したかどうかの指標となっていることは、A先生のみでなく、支援学級の担任も通常学級の担任も共有している事柄であった。

　しかしながら、A先生の主張に対して通常学級の担任は「流す」かのような応答をする。このような通常学級の担任の対応の仕方として、いくつか考えられる要因があるだろう。たとえば、通常学級の担任は母親から「飲んだ」という報告を直接聞いたとすれば、しかるべき副作用が現れていないとしても、母親の報告の方を事実確定のためのリソースとして優先させたのかもしれない。あるいは、他の児童もいる前で服薬の有無を話題とすることを躊躇したのかもしれない。他にもいくつかの「要因」を考えることができるであろう。とはいえ確実なことは、通常学級の担任は「流すことができた」ということである。FN［3］では、FN［1］と［2］と同様に、現在の行動に対する原因を解釈するためのリソースとして薬カテゴリーが運用されていくCタイプが実践されているといえるであろう。したがって、FN［3］においても「給食を食べる／食べない」というワタルの行為が「ドキュメント」として、「ADHD」という「パターン」に結びつけられて解釈されてはいる。しかしながら、FN［1］ではワタルの個々のドキュメントが「問題行動」として「ADHD」という「パターン」に結びつけられ、対応すべき行為として位置づけられていた。それに対して「給食を食べる」という行為はたとえ「薬を飲んでいない」ことの「客観的な証拠」となり得るとしても（その意味では「問題」であるとしても）、ドキュメントとし

第 5 章　ADHD 児の問題行動と服薬をめぐるエスノグラフィー

ては少なくとも教師が直ちに対応すべきものとして「問題化」すべきものではないのだ。ワタルに「薬を飲ませる」ということは、前節で引用した2名の担任教師のインタビューからしても、また、毎朝登校後保護者にワタルの服薬の有無を必ず確認していることからも、教師たちにとって重要な事柄であるにちがいない。そして、伺いしれないことではあるが、この日の調査終了後観察者のいないところで、教師たちがワタルの「給食を食べる」という行為から「服薬の有無」を問題化したかもしれない。しかしながら、FN［3］から確認できることは、児童のある行為をいかなる状況でどの程度「問題化する」のか、それともそもそも「問題化しない」のかどうかを決定する権限は、「児童」にではなく——支援員であるにせよ、担任教師であるにせよ——「教師」にあるということだ[5]。

【FN［4］給食後、支援学級にて】

　支援学級の教室内に入る（児童は全員通常学級で給食を食べているため、教室内には誰もいない。支援学級の担任も他の児童に付き添い、別の通常学級で給食を食べているようだ）。するとワタル君は模造紙を細長く丸めたものを腕に付け、長くなった腕でＡ先生をばんばん叩く。
Ａ先生：痛い、やめてよ、ワタル君！先生だって痛いんだから。（私に向かって）すっ
　　　　ごい攻撃的な行動。（小声で）たぶん今日薬飲んでない。目つきがね、全然違
　　　　う。職員室へ行きましょう。
私も叩くのをやめさせようとするが、ワタル君は模造紙でＡ先生を叩き続ける。ヘラヘラ笑いながら。目つきと言われると確かに、「すわっている」ような気もする。

　ワタルがＡ先生を叩き始めた時の記述が、「すると」で開始される。奇妙な接続詞の使用法であることは確かだが、筆者にはワタルが模造紙を装着した腕でＡ先生を叩く「文脈」を見つけられなかったのだ。「すると」の前に、ワタルが「模造紙を見つけ丸めて腕にはめた」ことは省略されているのであろうが、突如としてワタルはＡ先生を「バンバン」と叩き出したようにみなせた。しかもそのワタルの行為は「遊び」と記述するよりは、「やめさせるべきもの」であった。そのようななか、Ａ先生は「今日薬飲んでない」とまたしても筆者に伝えるのである。そのＡ先生の発言は——「たぶん」という留保が「かろうじて」つけられているものの——彼の「攻

撃性」と「目つき」という新たな「証拠」を結びつけることによって、これまで以上に「確信」に近いものとして提示されている。そして、A先生はワタルを職員室へ連れて行く決断をするのだった（職員室は、校長先生から「どうしてもだめな時に来て、声をかけてくれて良い」と言われていた）。つまり、「薬を飲んでいない状態」での「目つきが全然違う」ような「攻撃性」は「どうしてもだめな時」に十分該当するのである。

4-5　FN［1］から［4］を通してなされる「薬」をめぐる現実の構成

　これまで、FN［1］ではFタイプからCタイプへ、FN［2］～［4］ではCタイプのもと、薬カテゴリーが運用されてきたことを検討してきたが、これら全体を通してA先生は何を行っていたのだろうか。それを明らかにするにも、再度個々のFNを連続したやりとりとして見ていくことにしたい。

　まず、FN［1］で教師の対応の仕方がFタイプを経たのちCタイプへと切り替わったことの「意味」である。問題行動に直面した場合、まずは問題行動を解消し、その場の実践的目的に照らして「適切」な行動へと導くための方法がとられた。これがFタイプであった。しかしながら、Fタイプが上手くいかない場合、対応している者としてはそれまでのやり方を変更せざるを得なくなる。そこで登場したのが、Cタイプであり、薬カテゴリーであった。それは第3節（3-3）で述べた通り、①将来を志向している（「保護者に翌朝の服薬を徹底させる」という解決の仕方を導く）と同時に②それまでの教師の対応を「上手くいかない」ものとしては前景化させず、ほかならぬ「薬を服用せず」という要因があったからだという結論を導く。だが、そのような形で問題行動に対して薬カテゴリーを結びつけていくには、教師が自らの「心のなかで」納得していれば良いというわけではなかった。「授業中」に生じた「特別支援の対象となる児童」への「支援」のあり方の問題として、教師はFからCタイプへ切り替えることが妥当とされる現実を立ち上げる必要があった。そのために、「本当にワタルはその日の朝服薬したのかどうか」という確認作業が必要であったし、「服薬の有無」と

「問題行動」とが関連したものであることを周囲に訴え、コンセンサスを得る必要があった。つまり、その場の参与者の協働的な作業として「薬を飲んでこなかった」→「問題行動の表出」→「対応の困難さ」という現実が組み立てられる必要があったのだ。そのことが行われていたのが、FN［2］から［4］ではなかったか。

　具体的には、FN［1］ではワタルが「薬を飲んでいない」ことが本人の「証言」としては確証を得られなかった（それどころか、「飲んでいる」と主張する筆者までいた）。だからこそ、A 先生は FN［2］では「こっそり」という表現を使用して、筆者が知らない事実がある可能性を示唆している。しかしながら、支援学級の担任の反応は、少なくとも「薬を飲んでない」ことに完全に同意するものではなかった。また、FN［3］では「給食を食べる」という「客観的証拠」をもとに筆者にも「薬を飲んでいない」ことを伝えることで FN［1］における筆者の知識を修正し、通常学級の担任にも伝えている。だが、ここでもやはり通常学級の担任からは期待するような反応を得られない。しかし、その後の FN［4］では、「攻撃性」と「目つき」によって A 先生はワタルが「薬を飲んでいない」ことを確信する（そしてこの時、唯一 FN［1］からずっと立ち会ってきた筆者も、「目つきのするどさ」を確認し、そのような確信に取り込まれていったといえるかもしれない）。4 つの FN を通して、このような、「薬を飲んでこなかった」→「問題行動の表出」→「対応の困難さ」という現実を構成していく作業がなされていたと再記述できるのである。

── 第 5 節　〈薬によって不注意、多動性、衝動性が抑えられる〉という認識が学校において妥当性のあるものとして構成される「しくみ」

　薬カテゴリーは、FN［1］で A 先生が「おかしい今日」と述べているように、教師にとって「通常行う対応の仕方では上手くいかない」という事態に陥った時に、自らの「対応のあり方」と児童の「問題行動」との間の「空白」を埋めるよう運用される。だが、薬カテゴリーはただ単に空白を

埋めているのではない。「上手くいかなさ」の原因を ADHD の子どもの服薬の有無、ひいては薬が今効いているのかどうかという「頭蓋のなか」に見い出すことによって、「教師」というカテゴリーの担い手が自らの「支援」や「対応」の結果として担うことになる「責任」をも回避させるよう機能している。しかしながら、単に教師の対応の仕方のみが「まずかった」わけではない。FN［1］には第3節（3-1）で述べたように「45分の拘束」という「問題行動」を誘発し可視化させる構造的制約があった。そのような制約は実践者にとって自明視されているために、「残り5分」で移動させるという目的を遂行するために児童に強制を課すということがここでの教師が抱えることになった「困難さ」ではなかったか。それを、構造的制約を背景化した上で、自らの対応のあり方の問題ではなく（むしろ対応のあり方をめぐる責任を回避しつつ）「原因は服薬していないことにある」と主張し、そのような「現実」を周囲とともに構成していく。そこから浮かび上がるのは、さまざまな構造的制約やジレンマに直面しつつもそれに対処し切り抜けようとする教師の姿である。すなわち、対応の「まずさ」や「上手くいかなさ」や「失敗」は、教師としての役割の遂行や能力性を脅かされるのである[6]。「原因は薬」という構成作業のなかで、「今日はおかしいよ」や「服用している時はだいぶ落ち着く」といった教師たちの「変化」や「比較」の観点を含んだ語りがリアリティを獲得していくのであり、その過程で〈薬によって不注意、多動性、衝動性が抑えられる〉という認識が学校において妥当性を獲得していく。すなわち、薬カテゴリーが「原因探究の語彙」として用いられ、教師の責任回避の実践として機能していくということが、〈薬によって不注意、多動性、衝動性が抑えられる〉という認識が学校において妥当性のあるものとして構成される1つの「しくみ」なのである。

　そしてもう1つ、「しくみ」があるように思う。それは上述した「しくみ」を成り立たせている特性でもあるのだが、〈薬によって不注意、多動性、衝動性が抑えられる〉という認識が「規範」として作用しているということである。それは、たとえ〈薬を飲んでも不注意、多動性、衝動性は抑えられない〉あるいは〈薬を飲まなくても不注意、多動性、衝動性が抑えら

第 5 章　ADHD 児の問題行動と服薬をめぐるエスノグラフィー

れる〉という経験的事実が確認されたとしても、その認識は反証されない
ということを意味する。この日 1 日の観察を終える直前である帰りの会で
A 先生は筆者に次のように語っていた。

【FN［5］帰りの会】

A 先生：薬もねーなんていうのかなー飲むとぼーとしちゃって、何もできない時もあって、給食も食べられないっていう時もあれば、飲んでますてって言ってても給食たくさん食べて、落ち着かない時もあってー。でも今日はねー久しぶりです。

　この A 先生の語りは、ワタルの母親が服薬の有無について学校に虚偽
の申告をしているということではなく、「服薬した事実」とその結果として
導かれるはずの「行動が一致しない」ことがあったという自らの経験につ
いて述べているのであろう。これは A 先生のみに許された特殊な経験と
いうわけではない。ある個別具体的な ADHD の子どもと一定期間にわた
ってさまざまな状況下で関わった経験があれば、〈薬によって不注意、多
動性、衝動性が抑えられる〉という認識が揺らいだり、異なる経験的事実
に直面させられたりすることは十分あり得るように思う。だが、薬の効果
の認識自体が破棄されるわけではない。

　このことに関連して、西阪はサックスの議論をふまえながら「日本の大
学生は勉強しない」という期待は「帰納をまぬかれ」ていると論じる。「日
本の大学生」というカテゴリーは「勉強しない」という活動が規範的に結
びついているがゆえに、たとえ自分が出会った「日本の大学生」が勉強家
であったとしても、そのような経験的事実とは無関係に維持されるという
のである (西阪 1997: 82-83)。〈薬によって不注意、多動性、衝動性が抑えら
れる〉という認識も同様の特性をもつのではないか。医療の領域で〈薬に
よって不注意、多動性、衝動性が抑えられる〉という認識はあくまでも「実
験の結果」である。服薬の有無による「変化」や「比較」も、反証可能性に
常に開かれている。一方、それが教育の領域へ流入する際には反証可能性
に開かれた「実験結果」としてもたらされるのではなく、先の日本の大学
生の例と同様に帰納からまぬかれており、「規範」としてもたらされ作用す

143

る。そして、教育の領域で〈薬によって不注意、多動性、衝動性が抑えられる〉という認識は、その認識に反する経験的事実を棄却することが可能であるがゆえに妥当性を獲得し続けるのである。すなわち、教師たちのリアリティは1つめの〈薬によって不注意、多動性、衝動性が抑えられる〉という認識を「創出するしくみ」と2つめの「維持するしくみ」がともに関わりながら、支えられていると考えられるのである。

第6節　補節——ワタルと「薬」をめぐる校長の発言とその後の展開

　W小学校での調査が開始される直前に訪問した際、校長先生は次のようなことを述べていた。

　　現在のワタル君の担当医師は薬だけしか出していないので、個人クリニックを学校が紹介しようかという話しもある。ただ、校長の立場からすると医師につないでいるというのはありがたい側面もある。学校だけではとても無理だ。

　上記の校長先生の発言は、発達障害のある児童生徒をめぐって現在の学校がおかれている状況を鮮明に示している。脳科学研究が進展し服薬による治療の可能性が探究されて以降、「教育の医療化」の進行が主張される一方で、それを上回る勢いで「教育と医療の連携」もまた主張されている。ただ、個別具体的な児童生徒を前に学校現場において観察される事柄は、「連携」という言葉から想起される状況とは程遠いのである。「薬だけしか出していない」という校長先生の発言のように、ADHDの子どもの身体に服薬によって薬が「入り込む」ということは、同時に教育の領域に医療という外部が——場合によっては薬のみの処方という「無責任」な形で——「入り込んだ」のである。学校は医療という外部を迎え入れることによって、障害のある児童生徒のおこす「問題」や「困難」を外部化する手段

第5章　ADHD児の問題行動と服薬をめぐるエスノグラフィー

をもつことになった。それは学校にとって障害のある児童生徒が起こす
「問題」や「困難」という「リスク」を医師や薬に委ねることによって「分散
する」という発想に近しいものがあるように思う。学校がこれまで担って
きたリスクを、問題はあろうとも医療がともに分散して担ってくれるのだ
から「ありがたい」。なぜなら、「学校だけではとても無理だ」からである。
この最後の「無理だ」という言葉は、学校による単なる「責任逃れ」の言説
ではなく、発達障害のある児童生徒への支援や対応をめぐって困難に立た
されている学校の姿を映し出している。この困難の解決に資するには、た
とえば特別支援教育に関する教員研修を充実させるだけでは十分ではない
だろう。学校を、教師を、そして何より障害のある児童生徒を「困難」に
陥れるのは、学校が現代社会で「学校」であり続けようとするそのあり
方にあるように思う。この点については、終章において再度言及すること
にしよう。

　そして、ワタルと「薬」をめぐるその後の展開にも言及しておきたい。
「その後」において鍵となるポイントが少なくとも2点あるように思う。

　それは第1には、ワタルの問題行動の原因が「服薬していないこと」か
ら「ビデオカメラ」というわれわれ調査者の存在へと数日のうちに移行し
ていったということである。これまでのFNに示されているように調査初
日に頻繁に観察された「服薬」とワタルの「問題行動」を結びつける語り方
は、調査の回数を重ねるごとに明らかに減少していく。調査初日から数
日後に実施されたビデオカメラによる撮影を伴う調査の際には、ワタルの
「問題行動」に対して薬カテゴリーはまったく使用されず、「カメラがある
から」と原因探究の語彙がごくわずかな期間で変更されたのである。

　また第2には、夏休み直前に開催されたワタルの支援のあり方について
検討する会議[7]において、筆者の問題提起がきっかけであったのだが、校
長先生がワタルの母親に対して毎朝服薬したかどうかを尋ねることをやめ、
服薬してこなくとも「ありのままのワタル」を受け入れるよう担任たちに
要請したということである。それはワタルにとっては事実上の服薬の中止
を意味していた。そして、この校長の判断がワタルの母親に伝えられた翌

日以降、ワタルは服薬せずに登校するようになったのである。

　まず第1の点に関していえば、これは調査に対する教師たちの「抵抗の表れ」であるといえるだろう。そうであるとしても、ワタルの入学以降、日常的に行われてきた「薬」という語彙の頻繁な運用と毎朝の服薬の確認に典型的に示されるように、教師たちは「服薬」にかなりの程度「こだわって」いたのだ。しかしながら、そのような「こだわり」は調査者が持ち込む「ビデオカメラ」への抵抗を前に、瞬く間に消失してしまったのである。

　また、第2の点に関しては、校長先生が服薬の中止を判断する過程も興味深いのだが、それよりも服薬中止以降の教師による「語り方」が筆者には意外であった。前述の会議以降複数回の観察を経て調査は終了し、同年の12月に改めて担任教師たちにワタルの状況と服薬について尋ねる機会があった。彼の状況に関しては、教師たちは調査終了後に生じたさまざまな問題行動について語り、服薬に関しては、通常学級の担任が「（ワタルは）給食がすすんでいない（つまり食欲がない）から（学校としては服薬しなくても良いことになったけれど）実は母親が薬を飲ませているのではないか」と語ったのである。もちろん、彼の「問題行動」ではなく「食欲」から服用の有無を判断するような語りは調査期間中にも見られなかったわけではない。しかしながら、ここで通常学級の担任が語ったことをまとめれば、服薬が想定できるような状況であっても、問題行動は生じ続けていたということになる。つまり、服薬と問題行動の関係は、「服薬してさえいれば問題行動は生じない」といえるほど単純なものではなかったということである。これら2点の「その後」に関しては、さらなる検討が必要であるが、現段階で「学校（教師）」と「薬」との関係について次のような示唆を与えてくれるように思う。

　本章において提示したように学校現場において薬カテゴリーはその"効果"をめぐって教師たちの強い信頼を獲得していた。しかしながらその一方で、「その後」の展開から示されることは、他の要素が見い出されれば「原因」から薬カテゴリーはいとも容易に脱落するということであった。

第 5 章　ADHD 児の問題行動と服薬をめぐるエスノグラフィー

調査開始の時点では教師たちが望んでいなかった服薬の中止という事態に至った後、ワタルの問題行動と服薬の有無は（食欲減退を除いて）関連づけられなくなったのである。このことを通して、教師たちは薬カテゴリーをあまりにも自分たちに都合の良いように運用していると結論づけることもできるかもしれない。しかしながら、そうではなく、むしろ次のように捉えられるように思うのである。すなわち、教師たちの薬カテゴリーに対する信頼の強固さは、その脆弱さをも常に内包しているのである。

注
1　18歳以下の子どもにおける2002年から2010年のレセプト情報を分析し、2002年〜2004年と2008年〜2010年を比較した結果、6〜12歳では ADHD 治療薬は84％増加し、向精神病薬が58％増加、抗不安・睡眠薬が33％減少であり、13〜18歳では ADHD 治療薬が2.5倍増、向精神病薬が43％増、抗うつ薬が37％増であったという。また、向精神薬間の併用処方も高頻度に認められたと報告されている（奥村・藤田・松本 2014）。

2　ワタルの母と祖母に対するインタビューには、筆者ともう1名の共同研究メンバーが参加している。

3　ワタルの通常学級と支援学級の担任教師たちに対するインタビューには、筆者ともう1名の共同研究メンバー以外にも、ワタルが通っている児童館の館長も参加した（W 小学校にて実施）。

4　キッセ自身は解釈のドキュメンタリーメソッドに言及してはいないが、K. ライターによれば、遡及的解釈は明らかにこの方法の使用を物語っており、解釈的な「出来事の回顧的 - 予測的意味」のことであるという（Leiter 1980=1987: 249）。

5　ただし、「支援員」と「担任教師」とでは、たとえ両者とも児童から「先生」と呼ばれる立場にあるとしても、カテゴリーに結びついて配分される権利と義務との関係に応じて、与えられる権限は同一ではないであろう。この点に関しては、次の注（6）も参照してほしい。

6　本章では直接的に検討しないが、A 先生が「支援員」という立場であったことも関連しているように思う。たとえば、FN［1］で A 先生は寝転がっているワタルに対応している際に、他の学年の教師から「歩かせて」と「注意」とも受け止めることので

きる発言をされている。もちろん、だからといって支援員「だから」教師としての役割の遂行や能力性が脅かされかねない状況へと陥ったのだと主張したいわけではない。だが、現在の特別支援教育において、その対象となる多くの児童生徒の支援を、「介助員」や「サポーター」「支援員」と呼ばれる正職員ではない、時間給で雇用される立場の「教師」たちが担っているのも事実である。このような立場の「教師」がどのようにして担任教師たちと関係性をとりながら、時には特別支援教育の重要な部分を担う行為者として実践を展開しているのかにも着目すべきように思う。

7　この会議は、特別な支援が必要とされる児童に対して、担任、特別支援教育コーディネーターの教員、校長、教頭らが支援のあり方を検討するために開催される。臨床心理士等の外部者や保護者も出席することもある。この時は、校長、通常学級と特別支援学級の各担任、支援員のA先生の他に、ワタルの保育園時代の園長先生と担任、そして児童館の館長先生と担当職員、そして筆者を含む調査者2名が出席していた。

補章
ワタルの「できなさ」をめぐる短い考察

　前章で言及したワタルは、小学校へ入学して以降問題行動が突出するようになった。しかしながら、小学生となったワタルが、学校外も含めてあらゆる場所で常に問題行動を示し、障害と関連づけられる存在であったのかというと、必ずしもそうではない。「問題となるワタル」と「ならないワタル」という両者を分かつものは何か。だが、このような観点は、すでにR. マクダーモットとH. ヴァレンヌによって、LD の診断を受けている少年「アダム」についての研究（McDermott & Varenne 1998）のなかで明らかにされていることでもある。彼らは、日常生活と放課後の料理クラブ、学校の授業、1 対1 のテスト場面の4 つの場面でのアダムを比較し、それぞれの場面で異なる「アダム」を描き出したのである。アダムは、日常生活や料理クラブでは、援助を受けながら問題を解決することができ、「有能」な子どもであるけれども、授業やテスト場面では彼はそのような有能さを発揮できずに「LD」として存在するのである。なぜなら、授業やテスト場面は、「個人の能力」が表示されるよう組織化されているからであり、それによってアダムはLD の子どもとして可視化されるからである。
　本章は、マクダーモットたちの試みにはとても及ばないが、学校以外の、具体的にはスイミングスクールでのワタルを取り上げ、彼の「できなさ（disable）」について短い考察を加えたい。ここでの「できなさ」とは、いわゆる「問題行動」、端的に「できない」こと、やらなくて良いのに、あるいはやるべきではないのに「やってしまうこと」、「無能力さ」、「不適応」、「有徴性」等々の総称として、彼が抱えることになったADHD という障害と結びつけられるものである。すなわち、障害と結びつくような「できなさ」をまさにそのようなものとして可視化させる条件とは何か。

第1節　ワタルとスイミングスクール

　ワタルは、保育園の頃からスイミングスクールに通っている。泳ぐこと
は彼にとって実に楽しいことのようである。当初、ワタルは、自治体によ
って運営されている公立のスイミングスクールに通っていた。だが、彼の
母と祖母によると、そこでのワタルは、コーチから「50分の（レッスンの）
間にもう30回くらいは怒鳴られ」ていたという。たとえ、「薬飲ませてっ
ても、もうプール大好きなのではしゃいじゃう」ために、コーチの指示も
きかず「勝手なことやっちゃう」。そのため、「ワタル！」というコーチの
怒鳴り声がプール中に何度も響き渡り、ワタルを知らない他の保護者から
も「あ、あの子だ」、と注目を集める状況であったという。ワタルの母は、
そこが小規模なスクールであり、コーチも子どもたちが本格的に「泳げる
ようになる」ことを目指しているというよりは、「水に慣れ」、「水遊び程度」
しかやらないために、ワタルは「あきちゃって」いるのではないかと考え、
スクールを移ることにした。新しいスクールは、民間の大規模なスポーツ
ジムが経営しているところである。以下、この2番目のスクールでのレッ
スンの様子を観察したFNをもとに検討していきたい。その前に、あらか
じめ次のことを述べておこう。観察した時点で、ワタルは前のスクールを
含め通算約1年間スイミングを習っており、このスクールに入会してから
は約4ヶ月になる頃であった。ワタルの母親は、スクールの入会時に彼が
ADHDであることを伝え、対応についてまとめたものを手渡したそうで
ある（それに対して、スクール側は「そうですか」くらいのごく「薄い」反応であった
そうだ）。なお、調査日は夏休み中であり、この日ワタルは服薬していない。

補章　ワタルの「できなさ」をめぐる短い考察

────────────── 第2節　レッスン中のワタル

　本節はすべて FN からの抜粋である（一部、説明を補足している）。また、下線部は次節以降で言及する箇所である。

2-1　ボール拾い

　ワタルがレッスンをしているグループは、ほぼ同年齢と思われる子どもたちが約15名おり、コーチが2名ついている。グループごとに仕切られたプールのなかで、レッスンが行われている。最初は、水中のボール拾いである。コーチが、野球ボールほどの大きさのカラーボールを水中に投げ入れ、子ども達がもぐってそれを拾う。ワタルは黙々とボールを拾っている。手にはたくさんのボールがあり、ボールを見つけるとまたもぐって拾いに行く。他の子ども達と全く変わることなく（もしくはそれ以上に熱心に）ボールを拾っている。

　われわれ（筆者と共同研究のメンバーであるもう一人の調査者）は、ワタルの母と祖母とともに、2階にある観覧エリアから1階にあるプールを見下ろすような形でレッスンを見ているのだが、子どもたちを外見から識別することは難しい。というのも、子どもたちは、どの子もスクール指定と思われるおそろいの水着（性別によってデザインは異なる）と水帽子（グループで色が統一されている）、ゴーグルを身につけているからである。水帽子には大きく名前が書かれてあるが、観覧エリアからは文字を確認することはできない。同年齢のほぼ同じ体格の子どもたちのなかで、他の子と同じようにボールを拾うワタルから目を離したとすれば、見失ってしまいそうである。そのような不安を率直に口にすると、(A) <u>ワタルの母は「他の子と違う動きをしているから、見てるとわかると思うんですけど」</u>という。

151

2-2 バタ足の練習

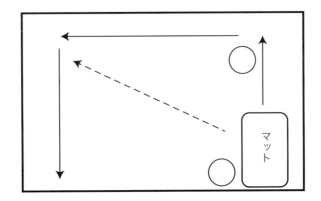

　その後、コーチの説明に続いてバタ足の練習に入る。
　子ども達はまず、1人のコーチ（図では右下の○印）がもつマットの上を歩いてプールに入り、それから矢印（→）に沿ってバタ足で泳ぐ。最初の矢印が終えるあたりにいるもう一人のコーチ（図では右上の○印）が次々とやってくる子ども達の指導をする。3つの矢印分のバタ足を終えると子ども達はプール内を歩いて、またマットへ行き、練習を繰り返す。
　いよいよワタルの順番になる。マットの上を歩いて順調に入水しそのまままっすぐ泳ぐのかと思うと、斜めに横切って泳ぎだす（図では点線の矢印）。右上にいるコーチの前は通らずに (B) <u>ショートカットをしている</u>かのようである。そしてその後は割り込むでもなく、他の子ども達が泳ぎ着くのを待って、本来の自分の順番の所に入る。筆者たちはワタルの母や祖母と共に、「あ、斜めにいった」「ショートカットしている！」、「あ、でも順番は守るんだ」などそれぞれ口に出しながら、ワタルの様子をみつめている。
　最初こそ指示された通りに泳いでくる子どもを待って並んだが、(C) <u>次からは割り込みのようにショートカットをして泳ぎ着いた順番に入る。この順番も特に決められたものでないのか、不快な表情を見せる子どももいない。</u>これを何度か繰り返す。コーチたちはワタルのショートカットに気づかないようである。したがって、ショートカットしているワタルは、他

補章　ワタルの「できなさ」をめぐる短い考察

の子ども達よりも何度もマットに乗って入水してまた戻って来るというサイクルを繰り返すことになる。

　ところが、途中で右上角にいたコーチが振り返り、ワタルのショートカットに気がついた。(D) コーチは、ショートカットの最中にいたワタルに手をかけ、ワタルの身体ごと連れ戻す。ワタルも特に抵抗するわけでもなく、言われた通りに本来のルートに沿ってバタ足をする。最後の矢印までバタ足で泳ぎきり、振り返ったワタルにコーチは親指をたてるジェスチャーをする。さしずめ、"Good!" という感じだろうか（ゴーグルのせいで表情はよくはわからないが、心なしかワタルも嬉しそうだ）。実際、ワタルはグループのなかでも、なかなか上手に泳ぐ。その後も、ワタルはコーチが気づいていないなかで、またしてもショートカットをする。ワタルの母は「たぶん、あの青いやつ（マットのこと）がやりたい」と言う。ショートカットすればその分、青いマットから水に飛び込む回数は多くなる。たしかに、ワタルは、指示された通りに泳ぐことが面倒とか、嫌とか、コーチの指導を受けたくないとか、そういうことではなく、「マット」が好きなようにも見えなくもない。その後もワタルはショートカットを試みるが、先ほどのコーチが途中で気づいてワタルは両足をひっぱられて、戻される。

2-3　背泳ぎの練習

　マットが除去され、今度は矢印を背泳ぎで回る。コーチに両手をひっぱられリードされながら、子ども達は背泳ぎを開始する。ワタルもコーチに頭を支えてもらい、ひっぱられながら背泳ぎを行う。コーチが手を離しワタルが途中から1人で泳ぎ終えると、コーチはワタルに拍手をする。ワタルも立ち上がり、コーチの反応を確認しているようだ。

　途中でコーチは泳いでくる子どもたちを次々とプールサイドに座らせてバタ足をさせ、足の動かし方を指導し始める。多くの子どもはそこでプールサイドに少しの間上がり、指導を受けてまたプールに戻っていくのだが（そしてまた次々とやってくる子ども達がプールサイドでバタ足の指導を受ける）、ワタルは積極的にはプールサイドに上がろうとしない。(E) 背泳ぎで周り続

153

けている。コーチは気づいていないのか、ワタルがプールサイドに上がってこないことを気にしている様子はない。だからといって、ワタルは指導の対象外ではない。泳いでいるワタルが目についた時には、あごを下げるよう指導している。これまでのところ、ショートカットしていることは目立つものの、(F) 集団のなかで十分やれているという印象をもつ。

そのうちワタルは、(G) 水しぶきをあげて身体を水中に沈めたり、潜水したり、うつぶせになりバタ足で泳いだりと、背泳ぎをやめてしまう。会話や子ども達の表情がよく見えないが、周囲の子どもたちはワタルを迷惑がるでもなく、自分の順番がきたら次々と背泳ぎをしていく。ワタルはその途中でコーチに見つかり、矢印のライン（本来泳ぐべきところ）にひっぱられ背泳ぎをさせられている。(H) ある程度背泳ぎをしたところで、コーチが何かワタルに話しかけている。真面目に取り組むよう改めて注意しているのかと思ったが、どうやら違うようだ。コーチは手のひらを左右に動かしてワタルに見せている。背泳ぎの際のバタ足の両足の角度や動かし方について指導しているようだ。その上で、ワタルに少しの距離を背泳ぎさせて、ワタルが立ち上がるとコーチはまた親指を立てて、"Good"のポーズを示す。

その後もワタルは、子ども達の列から少し外れたところで、身体を浮かばせたり沈ませたりを繰り返している。だが、(I)「子ども達の列」というのも、プール内で何となくあるだけで「整列」しているわけではないため、それほどワタルの行動が目立っているようでもない。途中で女児とぶつかるが、トラブルになることもなく、そのままお互い離れて行く（プールで子ども同士がぶつかることはよくあることなのだろう。並んでいる子どもに背泳ぎの子どもがぶつかることも散見されたし、ワタルに他の子どもがぶつかった時もあった）。この頃になると、背泳ぎは全くしていない。コーチたちは、泣き顔で顔を歪めながら背泳ぎをしている子どもに、付き添いながら指導をしている。他の子どもたちは、熱心に背泳ぎを繰り返す子どももいれば、(J) 先ほどのワタルのようにショートカットをしている子どももいる。

154

補章　ワタルの「できなさ」をめぐる短い考察

第3節　ワタルのふるまいをどう観るか

　ワタルの母が、レッスンの開始直後に「他の子と違う動き」（下線部（A））といっていたように、ショートカットや背泳ぎを続ける、身体を沈めるといったふるまいに典型的に示されるように、ワタルのふるまいは「有徴性」を伴っていないわけではない。それにもかかわらず、レッスンの様子を観察した筆者は、ワタルは「集団のなかで十分やれている」（下線部（F））という印象を抱いた。そして、その印象は、最後まで変わらなかった。それは単純には、他にもショートカットをする子どもがいないわけでもなく（下線部（J））（もちろん、その頻度はワタルの方が多いかもしれないが）、途中でふざけている子もいたからであるようには思う。そして、筆者たちのようにワタルのみを注視しているのでなければ、彼のふるまいはそれほど有徴性をおびた特異なものとして浮かび上がってはこないように思うのである。最初のスイミングスクールのように、ワタルがコーチからプール中に響き渡るほどに怒鳴られ、他の保護者にも知れ渡るほどの「有名人」になるような出来事は、少なくともこのレッスンではなかった。おそらく、わが子を熱心に見ている他の保護者にとって、ワタルは目に留まっていなかったのではないか。つまり、ワタルのふるまいは、たしかに有徴的ではあるけれども、それに気づいたとしても、直ちに障害と結びつけるような「できなさ」とは捉えられていなかったように思う。

　ワタルは「集団のなかで十分やれている」という印象を抱いたのは筆者だけでなく、彼の母と祖母も同様であった。その理由として、第1に、ワタルの母は「やることがどんどんあるから暇しないから（いいですね）」といういうように、レッスンの流れをあげていた。たしかに、1時間のレッスンのなかで、休憩はなく、プールサイドに子どもたちを座らせてコーチが説明している時間は1分もなかっただろう。数10秒で次にやることを見せて、どんどん子ども達が入水していく。そして10分程度で次の課題に入る。以前のスクールが「水遊び」程度で「あきてしまった」ことと比較

155

すれば、このスクールでは次から次へと流れるようにレッスン全体が設計されていた。そして第2には、スクールの性質である。現在のスクールについて、母は「コーチの対応がすごく」、祖母も「目も行き届いている」と述べていた。自治体が運営していた小規模な最初のスクールと比較して、民間の大規模な現在のスクールは、レッスン料は倍近く異なる。現在のスクールは、レッスンという「サービス」を提供し、ワタルはそれを受け取る「顧客」でもある。その意味では、1時間というのは「小さなお客さま」に対して、休憩という無駄をとらずに「楽しさ」と「水泳の上達」を同時に提供できる最適な長さなのかもしれない。こうした点が、ワタルが「上手くやれる」ことに関わっているのだろう。

　そして、これらの点と関連することもでもあるが、コーチの指導についても着目したい。ワタルが、途中でショートカットしたり（下線部（B））、背泳ぎを続けたり（下線部（E））、背泳ぎをやめて身体を水中に沈めたりしていた時（下線部（G））、彼のADHDを知っていると推測されるコーチは、障害ゆえの「特別な配慮」として彼の有徴的なふるまいを許容していたのだろうか。コーチの対応を見ていると（もちろん、詳細に会話などまで聞こえたわけではないが）、おそらく違う。コーチたちは、ワタルのふるまいを「できなさ」としては扱ってはいないように見える。そもそも、コーチが気づいていなかった間は、「放っておかれた」のかもしれないが、コーチがワタルのそれらのふるまいに気づき、本来のバタ足や背泳ぎという活動に戻す場合でも（戻す時に何らかの声かけはしている可能性はあるかもしれないが）、それを終えた後にレッスン態度自体を指導している様子はない。コーチが専念していたのは、バタ足の仕方やあごの角度といった、あくまでも「泳ぎ方の指導」である。むしろ、コーチに見つかりバタ足や背泳ぎをやり終えたワタルに与えられたのは、彼の泳ぎに対する賞賛（親指を立てるポーズ）である（下線部（D、H））。ここでは、グループレッスンではあるけれども「集団で行動する」ことそれ自体が目的として厳密に志向されてはいないのだろう。1つの枠に区切られたプール内に複数の子どもがいるというだけで、あくまでも活動の単位は個人である。だからこそ、プールのなかで子ども

補章　ワタルの「できなさ」をめぐる短い考察

達の列が乱れたり、順番が守られなかったりといった「皆と同じようにや
る」ことが多少疎外されたとしても、コーチからすればそのなかで水泳の
指導を個人に対して実施できれば問題はない。つまり、「集団」という点に
関して指示通りに子どもがやらずに、多少「逸脱」しても許容されており、
子どもの側に活動の裁量が一定程度認められている。そうした活動の裁量
が認められていることは、ワタルのみでなくすべての子どもに浸透してい
るのであろう（下線部（C、I））（もしそうでなければ、列を乱したり、順番を抜かし
たりする子どもに対して、トラブルになったり、コーチに報告したりする子どもも出る
ように思う）。

　そしてワタルのふるまいも、「泳ぐこと」それ自体から大きく逸脱はして
いない。もう1人の調査者のFNでは、ワタルのふるまいについて、「ルー
ルを無視して自分のペースで練習に取り組んでいるように見えてしまうこ
とは否めない。かたや、『練習に取り組んでいる』と記述できるように、泳
ぐコースこそ他の子からズレてはいるけれど、バタ足の練習のときはバタ
足を、背泳ぎの練習のときは背泳ぎの練習に励んでいる。課題が変われば、
それに応じてワタル君も泳ぎを変えていく。(省略)泳ぎ方の練習に取り組
むという範囲においては、ワタル君は逸脱していないのだ」とある。ワ
タルのふるまいは、「指示された通りにコースを進まない（で泳ぐ）」（下線部
(B)）「プールサイドでバタ足のチェックを受けずに背泳ぎを続ける」（下線
部 (E)）「背泳ぎをせずに身体を沈めたり、うつぶせでバタ足をする」（下線
部 (G)）「順番を抜かして列に入り泳ぐ」（下線部 (C)）といった点に関連する
「逸脱」ではある。だが、たとえばレッスン中に「プールに入らずプールサ
イドを駆け回っている」というように、「泳ぐこと」と著しく乖離したとこ
ろで生じているわけではない。逆に、たとえ彼が泳いでいたとしても、レ
ッスンの間中、一度も休むことなく一心不乱にひたすらバタ足や背泳ぎで
四隅にそってぐるぐると泳ぎ続けていたとすれば、いかに美しいフォーム
であったとしても、練習熱心というよりは、むしろその方が逸脱的であり、
有徴的に見えなくもない。「泳ぎ方の練習」に収まる限りで、ワタルのふる
まいは有徴的ではあるけれども、「できなさ」とは結びつかない。(好意的な

表現を用いれば）ワタルは、「自分のペースで」泳ぎの練習をしていた。

第4節　スイミングスクールでのワタルと
　　　　小学校の水泳の授業でのワタル

　ワタルのレッスンの観察を終えた筆者の感想は、前述したようにワタル
は「十分集団のなかでよくやれている」というものであった。それに対し
て、興味深いことに、もう1人の調査者は、ワタルは「小学校でのスイミ
ングの方がより集団でやれている」と感じていたのである。筆者は小学校
でのスイミングを観察する機会はなかったが、その調査者はどのような点
からそのような感想を抱いたのかを、次の共同調査者のFNから見ていく
ことにしたい（「活動の自由度」がキーワードとなる）。

　　私は7月の学校訪問時に水泳の時間のワタル君の様子も見ている。学
　校とスイミングスクール、両者の違いは何だろう？　と考えてみると、ま
　ず、学校よりスイミングスクールの方が活動の自由度が高いように思われ
　た。私が学校に行った日は、ちょうど着衣水泳ということもあり、プール
　の中で泳ぐ時間はわずかであった。しかも1年生は低学年用の小さな、浅
　いプールを使うので、そもそも「泳ぐ」ことには適していない広さと大きさ
　（ひょうたん型）なのだ。その日もプールの縁につかまって、バタ足をした
　のが唯一の泳ぎ方の練習であって、「泳ぐ」ことはしていない。それに学校
　は一つの活動から次の活動に移るときに、一端、今やっている活動を全員
　止めさせ、全員の体勢が整ってから次の活動に移ることを基本パターンと
　しているから、水泳の時間に児童の「自由」はほとんどない。自由がないの
　は、活動の選択だけではない。自分の泳ぎを上達させるために、繰り返し
　泳いだり、泳ぎ方を変えてみる自由もない。ことに低学年の児童にとって
　は、泳ぐ機会がほとんど用意されていない。

補章　ワタルの「できなさ」をめぐる短い考察

　その調査者がスイミングスクールの観察を終えた直後に筆者に説明した
ことは、「小学校でのプールでは、教師の話しを聞く時間が長く、泳ぐと
いってもプールサイドで足をばたばたさせていることも多いために、あま
り自由に動く時間が少なかった。だから今日のスイミングの方が、自由度
が高いためにワタルの自由度も目立ったように思う」と述べていた。この
ことは大変興味深い。

　スイミングスクールでのワタルが「よくやれていた」のは、「場の組織化
のあり方や参与者が相互行為を進行させるやり方」(序章) として、活動の
裁量と自由度が許容されるなかで、コーチの指導によってワタルのふる
まいは「できなさ」とは構成されなかったからである。すなわち、ワタル
の「できなさ」が可視化しない条件として、一方では、スイミングスクー
ルのように子ども側に活動の裁量が認められ自由度が高いことがあげられ
る。「水泳 (の練習)」という活動の自由度の範囲内におさまっていれば、彼
のふるまいは「練習」するための個人の裁量の範囲内であって、有徴性が
著しく非難の対象となったり、「できなさ」ゆえのものとしては構成されな
い。逆にいえば、「決められたことを全員で同じようにやる」といったいわ
ゆる厳密な「集団行動」を志向したり、それを行うために「順番を守る」「話
は黙って聞き話し手に視線を向ける」「体育座りで背筋を伸ばす」といった
(暗黙のうちにもたらされるものも含めて) ふるまいのルールの遵守が厳格に求
められ、指導や評価の対象になるほど、ワタルの「できなさ」は前景化さ
れる。

　しかしながらその一方で、小学校の水泳の授業を観察した調査者のFN
にあるように、ワタル自身が興味をもちある程度皆と同じにできると想定
される活動に関しては、自由度が奪われ、裁量が認められていないとして
も「皆と同じようにできる」のである。むしろ、その調査者の「小学校で
のスイミングの方がより集団でやれている」という感想に従えば、もし活
動に関心をもって取り組むことができれば、活動の裁量や自由度がなく
「今何をすべきか誰にとっても明確」である方が、ワタルは「できる」。だ
が、それはおそらく、彼がその場のルールを遵守しようとして行っている

のではなく、あくまでもその場の活動に彼が興味をもつことができたために、彼がそのルールに「はまることができた」からなのである。そのようなふるまいのルールと活動への関心との「幸運な一致」がもたらされる限りはよい。だが、ひとたびその一致が崩れれば、活動の自由度や裁量が認められないなかでは、ワタルのふるまいは「できなさ」を可視化させるものとなり得るのである。すなわち、周囲にとって、ワタルが活動と場のルールの両方を「理解できていない」ということが観察可能となった時に、「できなさ」はワタルに帰属されるのである。

終章
発達障害の教育社会学

　障害が組織化され観察可能となる相互行為をめぐるこれまでの経験的研究は、各章において独自の意味をおびる一方で、相互に関連している。その関連性とは、「障害は心身のなかにあるのではない、相互行為において達成あるいは構成されるのである」という、本書で繰り返し述べてきた主張である。このような主張は、社会構築主義やエスノメソドロジーを持ち出すまでもなく、社会学全般にとってもはや「常識」ともなりつつあるが、「教育」という文脈で、かつ経験的なデータをもとに改めて論じられるべき事柄であるように思うのである。

　本章では、第1節において、各章が上述の主張とどのように結びついているのかを述べることを通して、これまでの経験的研究の総括を試みる。第2節では経験的研究をふまえて示唆される点について述べ、そして第3節では今後の展開可能性について述べることにしたい。

―――――――――――――――――――――――――――― 第1節　経験的研究の概括

　各々の経験的研究が提示したのは、「発達障害が相互行為を通してつくられる」さまざまな形であり、そのバリエーションである。簡潔に示せば、第2章では、「できる」を目指すために「できなさ」がつくられる相互行為を、第3章では、「できなさ」を切り離すことで「できる」に目を向ける（その背後で、別の「できなさ」がつくられる）相互行為を、第4章では、「できなさ」をつくり出すことが児童間においてメンバー性の確認を引き起こす相互行為を、第5章では、「できなさ」の解釈に薬が介在する相互行為を、そして

補章では相互行為において「できなさ」をつくり出すことを可能とする条件を検討した。以下、各章について順次述べていくことにしたい。

第2章では、自閉症児に対する言語獲得をめぐる療育実践場面を検討した。この場面において療育を受けている自閉症児は、課題をクリアすることができずに何度も失敗してしまう。それでも療育者は、「できた」ことには決してしない。やや執拗なやり方をとっているとみなせるほどに、自閉症児の「できなさ」を強調しつつ「できる」を追求し続ける。つまり、「できる」を目指すために克服の対象として、障害と結びつく無能力性としての「できなさ」がつくり出されたのである。いいかえれば、この場面において「できなさ」をつくり出したのは、IRQAE というおおよそ日常生活では不可思議な、訓練という「療育」特有の相互行為である。

とはいえ、「できる」を目指すために「できなさ」が焦点化され、つくり出されていくということは、「できる」という有能性と「できなさ」という無能力性が表裏一体の関係であることを考慮すれば、ある意味理解しやすいように思う。一方、第3章で示されるのは、それとは異なる形での「できなさ」の達成である。

第3章では、〈障害児〉と〈教師〉との相互行為に特徴的な形式として、「個人的現実を想定する形式を操作的に達成していく形式」を明らかにした。ここで特筆すべきは、この特徴的な相互行為をもとに教師たちは、無能力さに対する教育可能性をその児童から切り離す一方で、「その児童でもできること」、つまりその時点で可能な有能さに教育可能性を見い出していたということである。いいかえれば、(ある局所的場面においては)「できなさ」に目を向けないことで、積極的に「できる」をつくり出そうとすることがあるということである。もちろん、その背後では、また別の「できなさ」が同時につくり出され得る (たとえば、当該の場面では、そのような相互行為の形式自体を可能とさせた児童の無能力性の1つは「言葉がないこと」であったように)。また、そのような能力の達成のあり様から示されることは、第1には、〈障害児を教育する〉という営みにおいては、「教育」という枠内に埋め込む形で、能力を切り離したり結びつけたりというような読み替えが行わ

終章　発達障害の教育社会学

れ得るということである。そして、第2には、そのような能力の読み替え
は、授業の終了間際に「椅子に座って最後まで授業にいる」というような、
ごくささやかな、しかしあらゆることが能力の対象として見い出されてい
くということである。

　第4章では、通常学級での児童間の相互行為を扱った。児童間において
ある特定の児童をめぐって「できなさ」── ここでは、やらなくとも良い
のに、あるいはやるべきでないの「やってしまう」と分類できる「できな
さ」であった ──が可視化される時、それは療育や授業といった教育的営
みとの関連でただちに「矯正」や「指導」や「支援」とセットとして扱われ
るのではない。特定の児童の「できなさ」は、相互行為において児童間に
メンバー性の確認という課題を引き起こす。そして、児童たちはその課題
を進行させるなかで、「できなさ」を帰属する特定の児童の有徴性を際立た
せつつ周縁化させていくのである。

　第5章では、ADHD児の「問題行動」としての「できなさ」の解釈に、
「薬」という資源が介在する場合の相互行為を検討した。教師は、「薬によ
って不注意、多動性、衝動性を抑えられる」という認識を妥当なものと受
け止めているように、薬は児童の「できなさ」を穏当化させるものとみな
されている。しかしながらその一方で、薬は、教師の活動を規定する構造
的制約を背景に退かせ、ADHD児の「問題行動」をまさしくそれとして浮
かび上がらせ、自明なものとさせる。さらに、薬（それ自体というよりも、解
釈の資源としての薬というカテゴリー）は、ADHD児の「問題行動」に対して
「原因探究の語彙」として運用され、教師にとっての責任回避の実践とし
て機能する。すなわち、相互行為を展開する上で教師が薬という資源を利
用可能であり、解釈の語彙としてそれに依存することによって、児童の
「できなさ」は、構造的制約という視点をはじめとして、問題の性質やそ
の原因に関する理解は別様であり得るにもかかわらず、個人の無能力へと
焦点化されていく。

　補章では、第5章でも登場するADHD児を再度取り上げ、学校外での
活動の様子を観察することで、「できなさ」を可視化させる条件を検討した。

その結果、集団で活動させる際に、個人に許容される活動の自由や裁量が、「できなさ」を相互行為においてつくり出すことに関わっていることを示唆した。つまり、その場の相互行為を成り立たせるふるまいのルールが厳密であって、それを遵守しているかどうかが指導や評価の対象となるほど、「できなさ」はつくりだされるのである。

<hr>

第2節　経験的研究からの示唆

2-1　背景化される構造的制約と非対称的な相互行為

　第5章で論じた学校特有の構造的制約は、それほど明示的ではないが他の章にも見い出すことができる。たとえば、定められた「授業時間」があるからこそ、第3章では児童の「泣き」が「おわりたい」からだとして記述されていった。また、授業中には各々の児童が着席しているべき「座席」とその「指定」があるからこそ、第4章では児童が授業中に席から離れて立ち歩く状況が観察可能となったのである。また学校の場面ではないが、そもそも第2章では、「正しい」言語運用のために「訓練」させる「療育」という場の組織化のあり方が、子どもの能力を焦点化させ「できなさ」を導いている。すなわち、障害の組織化は、「教育すること」特有ともいえる構造的制約があるなかで、それを背景化して行われる参与者による実践に基づいているのである。このことに関連して、筆者は第3章で次のように述べた。

　　〈障害児であること〉とは非対称性を浮かび上がらせるような相互行為形
　式が適用された結果であるといえる。

　これまでの検討をふまえるならば、上記の言明に次のような補足をすることができるであろう。

終章　発達障害の教育社会学

〈障害児であること〉とは、「教育すること」特有の構造的制約を背景化した上で、児童の能力性と結びつけて非対称性を浮かび上がらせるような相互行為形式が適用された結果であるといえる。

　そして、そのような相互行為形式の適用の結果として、障害が組織化されるのみでなく、「障害児（に）教育（すること）」が行われる。したがって、「障害のある児童生徒に教育的支援をする」ということも、「障害ゆえの問題行動に対応する」ということも、そしてそもそも「発達障害児をめぐる教育実践」ということも、これらすべてのいかなる障害をめぐる営みも、能力と結びついた非対称的な相互行為の前には存在しないのである。
　しかしながら、日常生活をおくる上で「相互行為への視点」は、構造的制約が背景化されているのと同様に、通常は「観」えてはこない。だからこそ、障害のある児童生徒が「問題行動」を起こしたならば、あたかも風邪をひいたときのように薬を飲ませたり、「指導」や「教育的支援」を講じたりすることができる。その結果、障害のある児童生徒の「成長」という名の、もしくは「克服」や「改善」という名の「変容」が目指される。発達障害が深く頭蓋のなかに位置づくものとして扱われるとき、変容を求められるのは、もっぱら障害を帰属される側なのである。このことの理不尽さは想像に難くないであろう。

2-2　つながりをつくり出す作業と障害の帰属

　では、非対称的な相互行為のなかで「障害を帰属する」とは、いかなることであるのか。たとえ医学が脳の機能障害を発見しようとも、日常生活において「発達障害児」として特定の児童生徒を表象する際、発達障害は行為のなかに観察可能となる。その行為は1つではなく複数存在するであろう。たとえば、「教室を飛び出す」、「予定の急な変更に混乱する」、「パニックを起こす」、「言語的コミュニケーションに困難がある」といったような、発達障害の特性としてテキストに列挙されるような典型的なものから、「異常性のあらわれ」としてその児童生徒にしかあてはまらないような個

別的なものまであり得るだろう。

　各経験的研究において、障害を帰属するという実践に従事する多くの参与者が登場したが、もっとも明示的であったのは、第5章におけるA先生である。A先生はワタルのいくつかの行動を彼の障害と結びついた「問題」として語っていた。ある人物が他者の特定の行為を発達障害と関連するものとみなすということは、Xという行為、Yという行為、Zという行為……を「発達障害」（「ADHD」、「自閉症」）とみなしているということである。ここで問いたいのは、そのようなXやYという行為が障害といえるのかどうかというようなその正否ではない。クルターは、XとYが同じ行為であると主張することは、単にすでに存在する関係を記録しているのではない。両者の間につながりをつくり出すことでもあるはずだと述べている(Coulter 1979=1998: 32-33)。すなわち、特定の人物の行為を引き合いにだして、彼の障害について語る時、ただ単に「客観的に」その人物の有徴性を述べているのではない。彼の障害について語ることを通して、その人物に障害を帰属しているのである。そのようにして行為と行為の間につくり出されたカテゴリーこそが「発達障害」なのである。そしてひとたび発達障害というカテゴリーが見い出せたならば、――まさしく「解釈のドキュメンタリーメソッド」(Garfinkel 1967)の実践として――発達障害という枠組みから行為が理解されていく。行為と発達障害カテゴリーとの相互反映的な関係のなかで人びとの確信は生み出され、強められていく。そうした一連の「つながりをつくり出す」実践が、当該の人物に「発達障害がある」という現実をつくり出している[1]。

2-2　発達障害カテゴリーのあいまいさ

　そしてその「つながりをつくり出す」実践を容易なものとしているのが、発達障害というカテゴリーの「あいまいさ」である。発達障害というカテゴリーは、医療的なカテゴリーとして科学的に客観的に定義されたものであると考えられている一方で、不確定性を伴うあいまいなカテゴリーでもある。そもそも、発達障害という概念自体が、「健常」と「障害」を明確に

終章　発達障害の教育社会学

区別することが困難な連続的分布のなかで、われわれの社会的判断によって切り分けられた社会的な概念である（滝川 2008: 55）。しかしながら、「社会的である」ことと「あいまいである」ことはイコールではない。人びとはその場の状況に適切に、その場の文脈に依存したやり方で、発達障害というカテゴリーを用いる。その際——経験的研究でその一端に迫ったように——、相互行為において障害は社会的なものとしてわれわれの前に立ち現れる。たとえば、第2章や第5章は「障害（と結びつく無能力性や困難）がつくり出される」ということが、比較的明瞭な形で示されている。一方、第3章の場面では、一見、授業が終了間際であるから教師たちは「おわりたい」と「流しただけ」のようにも捉えられる。授業終了間際のほんの数分の間に「能力の読み替え」という「大層なこと」が行われているとは思えないというように、である。だが、第3章で論じたように、授業の終了間際というわずかな場面で行われる相互行為の細部においても、その場の状況に即した形で障害は観察可能な形でつくり出されていく。われわれの日常のなかで障害が相互行為においてつくられるそのあり様として、発達障害は無数のバリエーションをとる。

　そうした無数のバリエーションのなかで障害のあり様としてさまざまに立ち現れ得るということが、発達障害というカテゴリーを、不確定性を伴った「あいまい」なものとみなせてしまうことにつながっているように思う。その意味では、より精確には、発達障害は、単にあいまいであるのではなく、「あいまい」に適用できる性質を有している。そして、そのような性質ゆえに発達障害というカテゴリーは「力」をもつ。あいまいとみなされ、そのように扱われるからこそ、その場の状況と文脈に応じて不可解なさまざまな行為を発達障害に帰属させ、「つながりをつくり出す」ことを常識、慣習、文化といった一定の枠内で容易に可能とするのである。すなわち、発達障害とは、そのカテゴリーを適用する際のあいまいさを基礎として、人びとが他者の行為と発達障害とを「つながりをつくり出す」よう評価した結果なのである。

── 第3節 「発達障害の教育社会学」としてのさらなる展開可能性

　本書のさらなる展開の契機を、第2章から第5章に求めることにしたい。
　第2章と第3章では、それぞれ学校と学校外の場面という相違はあるが、いずれも「障害のある」子どもの「発達可能性」あるいは「教育可能性」が「教育」という営みを支えていると論じた。すなわち、子どもの「未来」を志向し続けることが「今」の実践を正当化するのである。そのような期待や志向が障害児教育という実践を成り立たせている一方で、「発達可能性」や「教育可能性」等の「美しい言葉」が、「個人の障害の克服」という非常に限定的な将来のみを志向しているということにも留意せねばならないであろう。また、それらと同一線上にある言葉として「成長」がある。障害のある児童生徒が「成長した」と教師たちによって評価されるとき、その児童生徒の行動の変容は、何を意味するのだろうか。教師が有する「『悲理性的権威』への抵抗を諦めただけ」(Veck 2012=2014: 245) の可能性はないだろうか。
　また、第4章では通常学級のなかにいる障害児に焦点をあてた。現在、文部科学省は共生社会の形成に向けて「インクルーシブ教育」の推進をかかげているが、通常学級に「いる」ということただそれだけで、その実現であるといえるわけではないであろう。第4章の内容と直接関連するわけではないかもしれないが、同様の通常学級を対象とした実際のデータから、「インクルーシブ教育の実現」とはどのように観察可能となるのであろうか。J. アランは、M. フーコーによる3つの監視のメカニズム（「階層秩序的観察」、「規格化を行う審判」、「検査」）が普通学校に在籍する特別な教育的ニーズをもつ子どもたちの経験を形成していることを論じる (Allan 1996=2014)。すなわち、そのような子どもたちは補助者や教師によって、学習中のみでなく休憩時間中にも絶え間なく監視され続け、規格によって判断され、ニーズ記録やアセスメントの手続きを通してカテゴリー化されていく。障害のある児童生徒の経験としてアランの指摘がリアリティをもって受け止め

られるとすれば、「インクルーシブ教育の実現」はたとえ制度上は分離教育制度を否定することによって成立し得たとしても、その場の相互行為としては「排除」の実践である可能性はないだろうか。

第5章では、障害のある児童生徒の「問題」や「困難」に対する教師の実践に関して、筆者は「対応」という言葉を用いた。だが、この学校で実施される会議ではすべて「支援」という言葉が採用されている。「対応」と「支援」とはどのような相違があるのか（さらに第5章で筆者に「支援」という用語の使用を躊躇させたものは何か）。また、「支援」を受ける側の児童生徒の経験が特別支援教育においては見過ごされる傾向にあり、支援が児童生徒にとって余計な管理にもつながりかねず、周囲より目立ってしまうことや、周囲に対する気苦労を強いられる側面がある（Mortier et al. 2011=2014）。このことをどのように受け止めればよいか。

本書を通して、「障害児教育は抑圧的でしかない」という結論を導くことは短絡的である。それよりもまず何より、社会学の領域内外において蓄積された関連する研究成果をふまえつつも、ひとまずは現象に対する価値的判断を留保した上で、その場で何が行われているのかを丹念に読み解いていく研究を蓄積していくことが求められる。具体的なデータをもとに読み解かれた「現実」があるからこそ、さらに一歩進めてそれが障害児教育の現状に即して何を指し示すことになるのか、前述したようなさらなる展開可能性が見えてくるのである。このような方針は、障害児教育のなかでももっとも大きな柱である特別支援教育においてなおさら求められるように思う。というのも、特別支援教育は「障害のある幼児児童生徒の自立や社会参加に向けた主体的な取組を支援するという視点に立ち、幼児児童生徒一人一人の教育的ニーズを把握し、その持てる力を高め、生活や学習上の困難を改善又は克服するため、適切な指導及び必要な支援を行う」と定義される。どのような取組をすれば「主体的」であり、「教育的ニーズ」を把握しているとされ、「適切な指導や支援」を行っているといえるのか、それぞれが逐一検討することを断念することではじめて実践レベルで成り立つのではないかと思えるほどに、具体的に明示することが困難な抽象的なフ

レーズが並んでいるからである。特別支援教育制度の理念を実現させるべく、日々実践は展開される。そこで生じる「困難」や「問題」は、相互行為を検討することではじめてその複雑さや多層性に接近することが可能となる。それらがいかなる「複雑さ」や「多層性」であるのかは、「障害のある児童生徒自身に『困難』や『問題』が備わっており教育的支援によってなんとかしよう」という発想のもとでは、捨象され続けるのである。

　唐突ではあるけれども最後に「盆栽」について言及したい。盆栽の木は自然界では大木へと成長する。だが、われわれが通常目にする盆栽の木は小さいままである。「私」はこの「盆栽の木」を大きくしたい。そのためにはどうすれば良いか。いや、待てよ。そもそも私の目の前にある木の遺伝情報が「小さいままの木」であるよう規定しているのかもしれないではないか。だが、木をながめる私にそのようなことはわからない。遺伝情報がどうであろうと、私は木を大きくしたい。だから、肥料をたくさんやる。ある程度は大きくなるかもしれない。でも限界はある。水をたくさんやる。肥料同様、これにも限界がある。剪定をする。幹を太くするには効果があるかもしれないが、やはり限界がある。それどころか、肥料も水も剪定も盆栽についての知識がない素人が行ったならば、木そのものを枯らしてしまう可能性すらある。たとえ、木を大きくしたい一心であったとしても、である。木を大きくしたいのであれば、大きな鉢に植え替えれば良い。木の大きさと根の大きさはほぼ同じである。だから、大きな鉢に入れてやれば、根も広がりそれだけ木も大きくなる。さらに木を大きくしたいのであれば、鉢自体から解き放ち大地に植えてやれば良い。根が大きくなれば、木も同じ大きさになろうとし、どんどん大きくなる。だが、その時点でもはや「盆栽」ではない。つまり、私は目の前にある木が盆栽であり続けることを諦めないと、大樹には出会えないのである。盆栽とはそもそも、水やり、施肥、用土、剪定をはじめとして、自然がもっている環境を人間が補うことによって、成立しているのだから。

　「盆栽の話」は、「教育」において障害のある児童生徒が有するとされる

終章　発達障害の教育社会学

「困難」とそれに対する「支援」との関係をめぐるアナロジーである。つまり、盆栽の「鉢」は障害児教育である。より限定させるならば、特別支援教育、さらには学校教育であるといっても良いであろう。そして「木」は困難を有し障害があるとされる児童生徒である。したがって、「盆栽」とは子どもが教育（学校教育）を受ける姿の総体である。児童生徒の問題行動に対して、薬を服用させようとする教師、あるいは障害ゆえの困難に対して子どもを訓練することによって克服させようとする療育者は、与えられた鉢のままで盆栽の木を大きく成長させようと——遺伝情報を頭にちらつかせながら——ひたすら肥料や水をやろうとした「私」と似ている。その試みに効果がないわけではなく、ある程度は大きくなる。だが、限界はある。それどころか下手をすれば盆栽は枯れる。鉢が要請する枠内での「支援のあり方」は、木の「ニーズ」に応じて水やり、施肥、用土、剪定、さらには害虫駆除など多数あるかもしれないが、それではどこまでいっても鉢に植えていること自体によって生じる「困難」や「問題」にたどり着くことはない。つまり、それらの「困難」や「問題」とは、これまで明らかにしてきた、学校という場に特有の構造的制約として生じる事柄、あるいは障害を観察可能とさせる相互行為のあり方や状況である。

　盆栽の木は、たとえ現在の鉢が窮屈で身を歪めていたとしても「鉢を変えてくれ」あるいは「地面に植えてくれ」とはいえない。その窮屈さを木のあり方として表明するのみである。木は鉢を選べないし、ましてや自然のなかで1本の樹として生きることなど選べない。ひとまずは与えられた鉢の枠内で支援を受けながら、なんとか生き続けようとするしかない。もし私が窮屈な木のあり方を変え、本当に大樹に出会いたいならば、鉢のあり方を変更する、さらには鉢から解き放つという発想がなければならないのだ。この発想は、学校が現代社会で「学校」であり続けようとするそのあり方（第5章）の変容を意味する。たとえば、教育実践のあり様を規定するような構造的制約、児童生徒が遵守を求められる学校的ふるまいの様式、そこに「のれない」児童生徒に対する評価と指導のまなざし。他にもあり得るが、集団教育を可能とし個人の能力に焦点化させる、現代の学校に埋

171

め込まれたシステムが、児童生徒と教師間の相互行為を通して特定の児童生徒の「できなさ」をつくり出す。しかも、そのようなシステムは、日々の学校生活では当たり前のものとして自明視されるために「困難」や「問題」としては可視化されにくい。それは、児童生徒の「困難」や「問題」が——木に葉や幹や根を「だめ」にするさまざまな病名があるように——可視化されやすいのとは対照的である。鉢の変更は、「できなさ」を児童生徒に帰属させる学校のあり方を可視化させ、教師をはじめとした実践者がそれを共有することがその出発点となるだろう。しかしながら、次のように考える人もいるかもしれない。大半の木が、盆栽的価値観のもとでの適切な世話の結果、「盆栽」として社会的な評価を得ていくのだから、たとえ多少の問題が鉢にあろうとも、たった１本の木のために鉢は変更できない。そのようにいうのであれば、その木は、鉢の変更を求め続けるよりも、自らを鉢から解き放つという発想を得る方が良い。それはつまり、学校教育のあり方に対して自らを合わせることをやめて、学校教育以外の教育の選択肢を得ることだ。それは「私」にとっては、たとえどれほど美しいと評され高い価値が与えられようとも、子どもを「盆栽」であり続けさせようとすることの「断念」を含むのだ。

注

1　もちろん、そのような「つながりをつくり出す」実践は、むやみやたらと無制限に行われているわけではない。われわれが生活している社会の「常識」（「慣習」や「文化」といいかえてもよい）によって、一定の制限が加えられている（X、Y、Z…の行為が「問題行動」と呼ばれる傾向にあることもまた、われわれの社会の常識、慣習、文化による規定を受けているからなのである）。また、その制限は日常生活を送る上で逐次言葉で確認されるような性格のものではない（だからこそ、常識であり慣習であり、文化でもある）。それらが侵された時、「それ、常識でしょ」と指摘することが批判という行為を構成し、何が「常識」かが争われる。その制限にのっとって、誰にとっても（その社会における通常のメンバーであれば）理解可能な形でつながりはつくり出されるのである。

〈引用文献〉

阿部耕也, 1997,「会話における＜子ども＞の観察可能性について」『社会学評論』47(4): 445-460.

―――, 2008,「会話分析とは何か―― 会話をデータ化するということ」北澤毅・古賀正義編『質的調査法を学ぶ人のために』世界思想社, 85-107.

秋葉昌樹, 1995,「保健室における『相談』のエスノメソドロジー的研究」『教育社会学研究』57: 163-181.

―――, 1997,「順番のスムーズな形成を妨げる左手―― 学校保健室での〈養護教諭―生徒〉相互行為における対応の順番」山崎敬一・西阪仰編『語る身体・見る身体』ハーベスト社, 214-234.

―――, 2004,『教育の臨床エスノメソドロジー研究―― 保健室の構造・機能・意味』東洋館出版社.

Allan, J., 1996,"Foucault and Special Education Needs: a 'box of tools' for analyzing children's experiences of mainstreaming," *Disability & Society,* 11(2): 219-234. (＝2014, 中村好孝訳「フーコーと特別な教育的ニーズ―― 子どもたちのメインストリーム化経験を分析する『道具箱』」堀正嗣監訳『ディスアビリティ現象の教育学―― イギリス障害学からのアプローチ』現代書館, 60-85.)

American Psychiatric Association, 2013, *Diagnostic and Statistical Manual of Mental Disorders Fifth Edition (DSM-5),* American Psychiatric Publishing. (＝2014, 高橋三郎・大野裕監訳, 染矢俊幸他訳『DSM-5精神疾患の診断・統計マニュアル』医学書院.)

安藤寿康, 2011,「脳神経科学と教育」『遺伝』64(4): 47-52.

安積純子・尾中文哉・岡原正幸・立岩真也, 1990,『生の技法』藤原書店.

荒木章子, 2012,「ADHD に対する薬の知識」『教育と医学』10: 56-61.

Baron-Cohen, S., 2008, *Autism and Asperger Syndrome,* Oxford University Press.

Barton, L., 1986, "The Politics of Special Educational Needs," *Handicaps & Society,* 1(3): 273-290. (＝2014, 佐藤貴宣訳「特別な教育的ニーズの政治」堀正嗣監訳『ディスアビリティ現象の教育学―― イギリス障害学からのアプローチ』現代書館, 12-39.)

Becker, H. S., 1963, *Outsiders: Studies In The Sociology of Deviance,* The Free Press. (＝1993, 村上直之訳『アウトサイダーズ―― ラベリング理論とはなにか (新装版)』新泉社.)

Berger, P. L. & Luckmann, T., 1966, *The Social Construction of Reality: A Treatise in the Sociology of Knowledge,* Doubleday. (＝2003, 山口節郎訳『現実の社会的構成―― 知識社会学論考』新曜社.)

Conrad, P. & Schneider, J. W., 1992, *Deviance & Medicalization: From Badness to Sickness,* Expanded ed: Temple University Press. (＝2003, 進藤雄三監訳・杉田聡・近藤正英訳『逸脱と医療化―― 悪から病へ』ミネルヴァ書房.)

Coulter, J., 1979, *The Social Construction of Mind: Studies in Ethnomethodology and Linguistic Philosophy,* Macmillan. (＝1998, 西阪仰訳『心の社会的構成——ヴィトゲンシュタイン派エスノメソドロジーの視点』新曜社.)

Coulon, A., 1987, *L'ethnométhodologie,* Presses Universitaires de France. (＝1996, 山田富秋・水川喜文訳『入門エスノメソドロジー——私たちはみな実践的社会学者である』せりか書房.)

Durkheim, E., 1960, *Le suicide,* Presses Universitaires de France. (＝1985, 宮島喬訳『自殺論』中公文庫.)

Francis, D. & Hester, S., 2004, *An Invitation to Ethnomethodology: Language, Society and Interaction,* Sage Publications. (＝2014, 中河伸俊・岡田光弘・是永論・小宮友根訳『エスノメソドロジーへの招待——言語・社会・相互行為』ナカニシヤ出版.)

Frankel, R., 1990, " Talking in Interviews: a Dispreference for Patient-Initiated Questions in Physician-Patient Encounters, " G. Psathas ed., *Interaction Competence,* University Press of America, 231-262.

福留晶子, 1999,「『LD(学習障害)』と社会的相互作用論」『早稲田大学人間科学研究』12(1): 57-73.

Gabriel, S.D., 2012, "Functional Magnetic Resonance Imaging of Autism Spectrum Disorders," *Dialogues in Clinical Neuroscience,* 64(4): 18-22.

Garfinkel, H., 1964, "Studies of the routine grounds of everyday activities," *Social Problems,* 11: 225-250. (＝1989, 北澤裕・西阪仰訳「日常活動の基盤」G. Psathas, H. Garfinkel, H.Sacks, and E.M. Schegloff『日常性の解剖学——知と会話』マルジュ社, 31-92.) → Garfinkel, H., 1967, *Studies in Ethnomethodology,* Prentice-Hall, reprinted 1984 by Polity Press.

————, 1967, Studies in *Ethnomethodology,* Prentice-Hall, reprinted 1984 by Polity Press.

———— , 1974, "The Origins of the Term 'ethnomethodology'," R. Turner ed. *Ethnomethodology.* (＝1987, 山田富秋・好井裕明・山崎敬一編訳『エスノメソドロジー——社会学的思考の解体』せりか書房, 9-18.)

————, 1991, "Respecification: evidence for locally produced, naturally accountable phenomena of order*, logic, reason, meaning, method, etc. in and as of the essential haecceity of immortal ordinary society (I) an announcement of studies," G. Button ed., *Ethnomethodology and The Human Sciences,* Cambridge University Press, 10-19.

————, 2002, *Ethnomethodology's Program: Working Out Durkheim's Aphorism,* Rowman & Littlefield Publishers, Inc.

Garfinkel, H. and Sacks, H., 1970, "On Formal Structures of Practical Actions," J. C. McKinney and E. A. Tiryakian eds., *Theoretical Sociology: Perspectives and Developments,* Appleton-Century-Crofts, 338-366.

Garfinkel, H., and Wieder, D.L.,1992, "Two incommensurable, asymmetrically alternate technologies of social analysis," G. Watson and R.M. Seiler eds., *Text in Context: Studies in Ethnomethodology,* Sage, 175-206.

Goffman, E., 1963a, *Behavior in Public Places: Notes on the Social Organization of Gatherings,* The Free Press of Glencoe. (= 1980, 丸木恵祐・本名信行訳『集まりの構造』誠信書房.)

————, 1963b, *STIGMA: Note on the Management of Spoiled Identity,* Prentice-Hall. (= 2001, 石黒毅訳『スティグマの社会学』せりか書房.)

————, 1967, *INTERACTION RITUAL: Essays on Face-to-Face Behavior,* Doubleday Anchor. (= 2002, 浅野敏夫訳『儀礼としての相互行為』法政大学出版局.)

Goodwin, C., 1981, *Conversational Organization: Interaction Between Speakers and Hearers,* Academic Press.

————, 1984, "Notes on Story Structure and the Organization of Participation," M. Atkinson and J. Heritage eds, *Structures of Social Action,* Cambridge: 225-246.

————, 1995, "Co-Constructing Meaning in Conversations with an Aphasic Man," *Research on Language and Social Interaction,* 28(3): 233-260.

Hacking, I., 1999, *The Social Construction of What?* Harvard University Press. (= 2006, 出口康夫・久米暁訳『何が社会的に構成されるのか』岩波書店.)

Hester, S., and Eglin, P., 1997, "Membership Categorization Analysis: An Introduction," S. Hester and P. Eglin eds, *Culture in Action: Studies in Membership Categorization Analysis,* University Press of America: 1-23.

廣瀬由美子, 2011,「通常の学級における教科教育と特別支援教育の融合——『授業のユニバーサルデザイン研究会』での実践」『現代のエスプリ』529: 56-64.

堀家由妃代・釣井紀子, 1999,「障害児の生きる場をめぐって」志水宏吉編『のぞいてみよう！今の小学校』有信堂, 146-192.

堀家由妃代, 2003,「小学校における統合教育実践のエスノグラフィー」『東京大学大学院教育学研究科紀要』42: 337-348.

星加良司, 2007,『障害とは何か——ディスアビリティの社会理論に向けて』生活書院.

————, 2013,「社会モデルの分岐点——実証性は諸刃の剣？」川越敏司・星加良司・川島聡『障害学のリハビリテーション——障害の社会モデルその射程と限界』生活書院, 20-40.

堀正嗣監訳, 2014,『ディスアビリティ現象の教育学——イギリス障害学からのアプローチ』現代書館.

堀正嗣, 2014,「イギリスの障害児教育と障害学研究」堀正嗣監訳『ディスアビリティ現象の教育学——イギリス障害学からのアプローチ』現代書館, 280-303.

石黒広昭, 2001,「フィールドリサーチにおける AV 機器——ビデオを持ってフィールドに行く前に」石黒広昭編『AV 機器をもってフィールドへ——保育・教育・社会的実践の理解と研究のために』新曜社, 1-25.

石川准, 1992,『アイデンティティ・ゲーム』新評論社.

石川准・長瀬修編, 1999,『障害学への招待——社会、文化、ディスアビリティ』明石書店.

石川准・倉本智明編，2002,『障害学の主張』明石書店．

Jefferson, G., 1985, " An Excercise in the Transcription and Analysis of Laughter," T. A. van Dijk ed., *Handbook of Discourse Analysis* vol.3: Academic Press, 25-34.

Jefferson, G., Sacks,H., Schegloff, E.A., 1987, " Notes on Laughter in the Pursuit of Intimacy," Button, Graham and J. R. E. Lee, eds, *Talk and Social Organisation,* Clevedon: Multilingual Matters, 152-205.

金沢大学子どものこころの発達研究センター監，2013,『自閉症という謎に迫る——研究最前線報告』小学館．

金澤貴之，2013,「特別支援教育における『支援』概念の検討」『教育社会学研究』92: 7-23.

北澤毅，2008,「質的調査の思考法」北澤毅・古賀正義編『質的調査法を学ぶ人のために』世界思想社，19-36.

Kitsuse, J. I., 1962, "Societal Reaction to Deviant Behavior: Problem of Theory and Method," *Social Problems,* 9: 247-256.

Kitsuse, J. I. & Cicourel, A. V., 1963, "A Note on the Use of Official Statistics," *Social Problems,* 11(2): 131-139.

木村祐子，2006,「医療化現象としての『発達障害』——教育現場における解釈過程を中心に」『教育社会学研究』79: 5-24.

————，2015,『発達障害支援の社会学——医療化と実践家の解釈』東信堂．

古賀正義，2008,「構築主義的なエスノグラフィーを実践する——現場の知を読み解くための技法」北澤毅・古賀正義編『質的調査法を学ぶ人のために』世界思想社，153-178.

倉本智明・長瀬修編，2000,『障害学を語る』エンパワメント研究所．

倉本智明，2000,「障害学と文化の視点」倉本智明・長瀬修編『障害学を語る』エンパワメント研究所, 90-119.

Leiter, K., 1980, *A primer on Ethnomethodology,* Oxford University Press.（＝ 1987, 高山真知子訳『エスノメソドロジーとは何か』新曜社．）

Lilley, R., 2013, "It's an absolute nightmare: maternal experiences of enrolling children diagnosed with autism in primary school in Sydney, Australia," *Disability & Society,* 28(4): 514-526.

前田泰樹，2002,「失語であることの生活形式——言語療法場面の相互行為分析」『東海大学総合教育センター紀要』22: 71-86.

Mather, B. A., 2012, "The Social Construction and Reframing of Attention-Deficit/Hyperactivity Disorder," *Ethical Human Psychology and Psychiatry,* 14(1): 15-26.

松山郁夫・米田博編，2005,『障害のある子どもの福祉と療育』建帛社．

Maynard, D.W., 2005, "Social Actions, Gestalt Coherence and Designations of Disability: Lessons from and about Autism," *Social Problems,* 52(4): 499-524.

McDermott, R.P. & Varenne, H., 1998, "Adam, Adam, and Adam: The Cultural Construction of a

引用文献

Learning Disability," H. Varenne and R. McDermott eds, *Successful Failure: The School America Builds,* Westview Press: 25-44.

Mehan, H., 1979, *Learning Lessons: Social Organization in the Classroom,* Harvard University Press.

水川喜文, 1993,「自然言語におけるトピック転換と笑い」『ソシオロゴス』17: 79-91.

文部科学省, 2005,「特別支援教育を推進するための制度の在り方について」

――――, 2010,「生徒指導提要」

――――, 2012,「共生社会の形成に向けたインクルーシブ教育システム構築のための特別支援教育の推進（報告）」

森一平, 2009,「日常的実践としての『学校的社会化』――幼稚園教室における知識産出作業への社会化過程について」『教育社会学研究』85: 71-91.

――――, 2011,「相互行為のなかの『知っている』ということ――社会化論が無視してきたもの」『教育社会学研究』80: 5-25.

――――, 2014,「授業会話における発言順番の配分と取得――『一斉発話』と『挙手』を含んだ会話の検討」『教育社会学研究』94: 153-172.

Mortier, K., Desimpel, L., Schauwer, D. E., and Hove, G.E., 2011, "'I Want Support, Not Comments': Children's Perspectives on Supports in Their Life" *Disability & Society* 26(2): 219-234. (＝2014, 堀正嗣監訳・三好正彦訳「口出しはいらない、サポートが欲しいんだ――生活の中での支援に関する子どもの視点」『ディスアビリティ現象の教育学――イギリス障害学からのアプローチ』現代書館, 201-227.)

Nadesan, Majia Holmer, 2005, *Constructing Autism: Unravelling the 'Truth' and Understanding the Social,* Routledge.

長瀬修, 1999,「障害学に向けて」石川准・長瀬修編,『障害学への招待――社会、文化、ディスアビリティ』明石書店, 11-39.

――――, 2000,「障害学・ディスアビリティスタディーズへの導入」倉本智明・長瀬修編,『障害学を語る』エンパワメント研究所, 10-27.

中川栄二, 2012,「発達障害に対する薬物治療の実態と問題点：小児自閉症症状の薬物療法調査から」『教育と医学』10: 22-30.

中河伸俊, 1999,『社会問題の社会学――構築主義アプローチの新展開』世界思想社.

――――, 2001,「Is Constructionism Here to Stay? ――まえがきにかえて」中河伸俊・北澤毅・土井隆義編『社会構築主義のスペクトラム――パースペクティブの現在と可能性』ナカニシヤ出版, 3-24.

日本発達障害福祉連盟編, 2011,『発達障害白書2012年版』日本文化科学社.

日本発達障害連盟編, 2013,『発達障害白書2014年版』明石書店.

日本発達障害連盟編, 2014,『発達障害白書2015年版』明石書店.

日本自閉症スペクトラム学会編, 2005,『自閉症スペクトラム児・者の理解と支援――医療・教育・福祉・心理・アセスメントの基礎知識』教育出版.

西脇俊二, 2003,「自閉症の医療と療育」『発達障害研究』25(1): 24-30.

西阪仰，1997，『相互行為分析という視点——文化と心の社会学的記述』金子書房.

奥村泰之・藤田純一・松本俊彦，2014，「日本における子どもへの向精神薬処方の経年変化——2002年から2010年の社会医療診療行為別調査の活用」『精神神経学雑誌』116: 921-935.

Oliver, M., 1990, *The Politics of Disablement,* Macmillan.（= 2006, 三島亜紀子・山岸倫子・山森亮・横須賀俊司訳『障害の政治——イギリス障害学の原点』明石書店.）

————, 1996, *Understanding Disability: From Theory to Practice,* Macmillan.

大辻秀樹，2003，「女児仲間集団の会話構造に関する臨床的研究——応答の不在に着目して」『教育社会学研究』72: 171-190.

————，2006，「Type M ——『学ぶことに夢中になる経験の構造』に関する会話分析からのアプローチ」『教育社会学研究』78: 147-168.

大和久勝編，2006，『困った子は困っている子——発達障害の子どもと学級・学校づくり』クリエイツかもがわ.

小倉清，2006，「愛着・甘えと子どもの精神科臨床」『そだちの科学』7: 123-125.

Parsons, T., 1951, *The Social System,* Free Press.（= 1974, 佐藤勉訳『社会体系論』青木書店.）

Pawluch, D., 1996, *The New Pediatrics: A Profession in Transition,* Aldine De Gruyter.

Phillip, G., 2003, *Laughter in Interaction,* Cambridge University Press.

Pollner, M., 1974, " Sociological and Common-Sense Models of the Labelling Process," R. Turner ed., *Ethnomethodology: selected readings,* Penguin, 27-40.

Psathas, G., 1988, "Ethnomethodology as a New Development in the Social Sciences," Paper presented at Waseda University.（= 1989, 北澤裕・西阪仰訳「エスノメソドロジー——社会科学における新たな展開」『日常性の解剖学——知と会話』マルジュ社，5-30.）

Rapley, M., 2004, *The Social Construction of Intellectual Disability,* Cambridge.

Ryle, R., 1949, *The Concept of Mind,* Hutchinson.（= 1987, 坂本百大他訳『心の概念』みすず書房.）

Sacks, H., 1963, "Sociological Description," *Berkeley Journal of Sociology* 8: 1-16.

————, 1972a, "On the Analizability of Stories by Children," Coulter, J. (ed) 1990, *Ethnomethodological Sociology:* 216-270.(Reprinted from Direction in *Sociolinguistics: The Ethnography of Communication.* by J. J. Gumperz and D. Hymes eds, NY: Holt, Rinehart & Winston: 329-345.)

————, 1972b, "An Initial Investigation of the Usability of Conversational Data for Doing Sociology," Sudnow, D. ed., *Studies in Social Interaction,* Free Press, 31-74.（= 1995, 北沢裕・西阪仰訳「会話データの利用法——会話分析事始め」G. サーサス・H. ガーフィンケル・H. サックス・E. シェグロフ『日常性の解剖学』マルジュ社，93-173.)

————, 1974, "An Analysis of the Course of a Joke's telling in Conversation," R. Bauman and

J. F. Sherzer eds., *Explorations in the Ethnography of Speaking,* Cambridge University Press: 337-353.

————, 1979, "Hotrodder: A Revolutionary Category," G. Psathas ed., *Everyday Language: Studies in Ethnomethodology,* Irvington Publisher, 7-14. (＝ 1987, 山田富秋・好井裕明・山崎敬一訳「ホットロッダー――革命的カテゴリー」『エスノメソドロジー――社会学的思考の解体』せりか書房, 19-37.)

Sacks, H., Schegloff, E.A., and Jefferson, G., 1974, "A Simplest Systematics for the Organization of Turn-Taking for Conversation," *Language* 50(2): 696-735.

坂本佳鶴恵, 1986,「スティグマ分析の一視角――『人間』であるための諸形式に関する考察」『現代社会学』22: 157-182.

佐倉統, 2011,「社会脳――人文社会領域へと越境する脳神経科学」『遺伝』64(4): 15-17.

佐々木洋子, 2011,「日本における ADHD の制度化」『市大社会学』12: 15-29.

佐藤雅浩, 2013,『精神疾患言説の歴史社会学――「心の病」はなぜ流行するのか』新曜社.

佐藤暁, 2004,『発達障害のある子の困り感に寄り添う支援――通常の学級に学ぶ LD・ADHD・アスペの子どもへの手立て』学研教育出版.

佐藤貴宣, 2013,「盲学校における日常性の産出と進路配分の画一性」『教育社会学研究』93: 27-46.

澤田誠二, 2003,「養護学校における『能力』と『平等』: 教師のストラテジーと、その意図せざる帰結」『東京大学大学院教育学研究科紀要』42: 139-147.

Schegloff, E. A. & Sacks, H., 1972, "Opening up Closings," *Semiotica,* 7: 289-327. (＝ 1995, 北澤裕・西阪仰訳「会話はどのように終了されるのか」『日常性の解剖学――知と会話』マルジュ社, 175-241.)

清矢良崇, 1983,「社会的相互行為としての初期社会化の様式――しつけ場面におけるカテゴリー化問題」『教育社会学研究』38: 122-133.

————, 1994,『人間形成のエスノメソドロジー――社会化過程の理論と実証』東洋館出版社.

————, 1998,「教育社会学とエスノメソドロジー」山田富秋・好井裕明編『エスノメソドロジーの想像力』せりか書房, 238-251.

————, 2001,「研究者が AV 機器を用いるのはなぜか」石黒広昭編,『AV 機器をもってフィールドへ――保育・教育・社会的実践の理解と研究のために』新曜社, 29-46.

————, 2008,「映像データ分析」北澤毅・古賀正義編『質的調査法を学ぶ人のために』世界思想社, 49-53.

千田有紀, 2001,「構築主義の系譜学」上野千鶴子編『構築主義とは何か』勁草書房, 1-41.

Spector, M. & Kitsuse, J. I, 1977, *Constructing Social Problems,* Cummings. (＝ 1990, 鮎川潤・

森俊太・村上直之・中河伸俊訳『社会問題の構築――ラベリング理論をこえて』マルジュ社.）

杉野昭博, 2007,『障害学――理論形成と射程』東京大学出版会.

芝田奈生子, 2005,「日常的相互行為過程としての社会化――〈泣き〉という視点から」『教育社会学研究』76: 207-224.

志水宏吉・高田一宏・堀家 由妃代・山本晃輔, 2014,「マイノリティと教育」『教育社会学研究』95: 133-170.

進藤雄三, 2006,「医療化のポリティクス――『責任』と『主体化』をめぐって」森田洋司・進藤雄三編『医療化のポリティクス――近代医療の地平を問う』学文社, 29-46.

Smith, D.E., 1978, "'K is mentally ill': The Anatomy of a Factual Account," *Sociology,* 12(1): 123-53. (＝1987,「K は精神病だ――事実報告のアナトミー」山田富秋・好井裕明・山崎敬一編訳『エスノメソドロジー』せりか書房, 81-153.）

末次有加, 2012,「保育現場における『特別な配慮』の実践と可能性」『教育社会学研究』90: 213-232.

髙木隆郎・石坂好樹, 2009,「自閉症概念の拡大」髙木隆郎編『自閉症――幼児精神病から発達障害へ』星和書店, 15-34.

高岡健, 2009,『発達障害は少年事件を引き起こさない――「関係の貧困」と「個人責任化」のゆくえ』明石書店.

滝川一廣, 2008,「『発達障害』をどう捉えるか」松本雅彦・高岡健編『発達障害という記号』批評社, 44-56.

田中康雄, 2011,「園生活をしている子どもの生きづらさ・育てる親の思い」田中康雄編『発達障害は生きづらさをつくりだすのか』金子書房, 16-33.

寺本晃久, 2000,「『知的障害』概念の変遷」『現代社会理論研究』10: 195-207.

鶴田真紀, 2007,「〈障害児であること〉の相互行為形式――能力の帰属をめぐる教育可能性の産出」『教育社会学研究』80: 269-289.

――――, 2008,「自閉症児の言語獲得をめぐる相互行為系列――能力の帰属をめぐる教育可能性の産出」『教育社会学研究』82: 205-225.

湯浅恭正編, 2008,『困っている子と集団づくり――発達障害と特別支援教育』クリエイツかもがわ.

Veck, W., 2012, "Reflecting on attention-deficit hyperactivity disorder and disablement in education with Eric Fromm," *Disability & Society,* 27(2): 263-275. (＝2014, 高橋眞琴訳「エーリッヒ・フロム思想からみる注意欠陥多動性障害と教育における障害化」堀正嗣監訳『ディスアビリティ現象の教育学――イギリス障害学からのアプローチ』現代書館, 228-250.）

Watson, R., 1997, "Some General Reflection on 'Categorization' and 'Sequence' in the Analysis of Conversation," S. Hester and P. Eglin eds, *Culture in Action: Studies in Membership Categorization Analysis,* University Press of America: 49-75.

引用文献

Winch, P., 1958, *The Idea of a Social Science and its Relation to Philosophy,* Routledge and Kegan Paul. (= 1977, 森川真規雄訳『社会科学の理念——ウィトゲンシュタイン哲学と社会研究』, 新曜社.)

山村賢明 (代表), 1983,『受験体制をめぐる意識と行動』伊藤忠記念財団.

————, 1986,『子どものテレビ視聴の様態に関する調査研究』東京都生活文化局.

山崎敬一・佐竹保宏・保坂幸正, 1993,「相互行為場面におけるコミュニケーションと権力——〈車いす使用者〉のエスノメソドロジー的研究」『社会学評論』44(1): 30-44.

吉澤茉帆 , 2008,「教室における特別な支援を要する生徒の相互作用」『教育学研究紀要』54(1): 372-377.

————, 2011,「ライフヒストリーによる語りの多元的な解釈——『発達障害』をめぐる教師の認識を事例として」『教育学研究紀要』57(1): 227-232.

初出一覧

序章
「社会的視点からの発達障害―特別支援教育をめぐる社会学的考察の
試み」『貞静学園短期大学研究紀要』第5号、41-51頁、2014年を加
筆・修正

第1章
「教育研究における映像データ分析論―障害児教育研究の観点から」
『教育社会学研究』(日本教育社会学会) 第84集、139-158頁、2009
年を大幅に加筆・修正

第2章
「自閉症児の言語獲得をめぐる相互行為系列――能力の帰属をめぐ
る教育可能性の産出」『教育社会学研究』(日本教育社会学会) 第82集、
205-225頁、2008年を加筆・修正

第3章
「〈障害児であること〉の相互行為形式――能力の帰属をめぐる教育
可能性の産出」『教育社会学研究』(日本教育社会学会) 第80集、269-
289頁、2007年を加筆・修正

第4章
「学校的社会化の諸相(4)――児童間相互行為における非対称性の組織
化」日本教育社会学会第65回大会発表レジュメ、2013年を加筆・修
正

第5章
書き下ろし

補章
書き下ろし

終章
書き下ろし

あとがき

　本書は、博士論文『障害児教育の社会学——発達障害をめぐる教育実践の相互行為研究——』を大幅に改稿したものであり、私にとって初めての単著となります。

　本書の問題関心は、「まえがき」における私の過去の記憶から立ち上がっていくわけですが、このような書き出しに違和感をもった方もいるかもしれません。それは決して奇をてらったわけではなく、「なぜ社会的構成論の観点から障害を研究するのか」を自分自身に問いかけると、いつもその答えは私の「初発の関心」である「A」へと戻ってしまうのです。記憶のなかにいる A は、私にとって研究する意味であり、「障害は社会的に構成される」という社会学にとってはもはや「常識」ともいえる事柄を教育という場においてことさらに問う意味でもあります。いうなれば、本書で言及した社会学における特定の理論や方法論が私を魅了するのも、「障害」が人と人の「間」で立ち上がる個別具体的な教育実践を読み解くための「鍵」となってくれるからでもあります。そのような社会学的な理論や方法論を通して「観」ると、A は、まぎれもなく「私」の経験でありながら、同時にそれを読む「私たち」の経験でもあり、数々の相互行為も、その場の参与者が展開させたものでありながら、それが理解可能であるという点において社会的に開かれているのです。私は、「私」の経験、そして教育実践における障害をめぐる相互行為をもとに、「教育」そして「社会」を読み解こうとしているのです。終章で私は、「社会学の領域内外において蓄積された関連する研究成果をふまえつつも、ひとまずは現象に対する価値的判断を留保した上で、その場で何が行われているのかを丹念に読み解いていく研究を蓄積していくことが求められる」と述べ、具体的なデータをもとに障

害のある児童生徒をとりまく「現実」を読み解くことの重要性に言及しました。「障害」をめぐって（私を含めた）人びとが生きている規範や志向性を、相互行為に内在的に明らかにしていく。今後もこのような姿勢の下、研究を続けていきたいと思っています。

　本書がこのような形になるまでに、大変多くの方からご指導とご支援をいただきました。学部生時代に「政治社会学」のゼミを履修した私に、障害について社会学的な視点をもつきっかけを与えてくださったのは、栗原彬先生でした。その後大学院から「教育」へと移った私を快く受け入れてくださり、今日まで導いてくださったのは北澤毅先生（立教大学）です。北澤先生には教育社会学の基礎から手ほどきをうけましたが、なにより先生の研究に向かわれる姿勢を通して、私は「何のために研究するのか」を幾度となく自身に問い、研究者として何を目指し、どうあるべきかを学んだと思っております。先生がいなければ、今日の私はいなかったと思っております。

　また、有本真紀先生（立教大学）には、私の修士論文の副査をご担当いただいただけでなく、その後今日にいたるまで、北澤先生との共同研究を通してこれまで私が関わってきた調査や作成したフィールドノートにコメントをいただくだけでなく、博士論文の構想発表をする私にいつも鋭いご指摘と温かな励ましをいただきました。膨大な歴史的資料に向き合われる先生に、私は「データ」と真摯に向き合うことの重要性を教えていただいたと思っております。

　そして、お忙しいなか博士論文の副査をお引き受けいただき、丁寧に一つ一つの論文に目を通してくださった石黒広昭先生（立教大学）と好井裕明先生（日本大学）にも心から感謝申し上げます。お二人の先生からいただいた重要なご指摘を受け止め、これからも向き合っていかなくてはと思っております。また、好井先生には、博士論文が単著して刊行される間にも多くのご助言と励ましをいただきましたことを重ねて感謝申し上げます。

　さらに、立教大学の北澤研究室の皆様。院生時代から今日に至るまで、

あとがき

皆様と文献を読みデータセッションをし、議論できたことは、私にとって大変幸運であり刺激的なことでした。そして SED 研究会の皆様。教育社会学のなかでは「マイノリティ」ともいえる障害研究を進めていくなかで、皆様の存在がどれほど励みになったかわかりません。

　他にも、すべての方々のお名前をここに挙げることは到底できませんが、多くの皆様の励ましとご指導があって、ここまでくることができたと思っております。また、フィールド調査にご協力いただいた方々にも心よりお礼を申し上げます。ありがとうございました。

　また、本書を刊行する機会を与えてくださったハーベスト社の小林達也さんに、心よりお礼を申し上げます。

　最後に、常に私を見守り続けてくれる家族に心よりの感謝を。

2017年8月

鶴 田 真 紀

人名索引

（アルファベット順）

Becker, H. S.　　53
Berger, P. L. & Luckmann, T.　　31, 53

Conrad, P. & Schneider, J. W.　　15, 16, 23
Coulter, J.　　22, 25, 69, 82, 88, 166

Durkheim, E.　　46

Garfinkel, H.　　21, 25, 33, 34, 36, 37, 38, 40, 54, 133, 134, 166
Goffman, E.　　83, 84, 85, 101
Goodwin, C.　　42, 59, 96

Hacking, I　　33, 53

Kitsuse, J. I.　　136, 147
Kitsuse, J. I. & Cicourel, A. V.　　12

McDermott, R.P. & Varenne, H.　　88, 99, 149
Mehan, H.　　61, 62

Parsons, T.　　16

Sacks, H.　　21, 25, 35, 38, 40, 47, 54, 56, 60, 104, 113, 116, 143
Sacks, H., Schegloff, E.A., and Jefferson, G.　　35, 56
Smith, D.E.　　83, 84, 85, 133
Spector, M. & Kitsuse, J. I.　　31, 32, 33, 53

事項索引
（50音順）

ADHD　　12, 13, 14, 15, 16, 20, 24, 32, 49, 50, 121, 122, 123, 124, 125, 127, 128, 135, 138, 142, 143, 144, 147, 149, 150, 156, 163, 166

DSM-5　　19, 24, 25, 122

IRE　　60, 61, 62, 71

LD　　12, 13, 14, 24, 54, 149

ア行

逸脱　　12, 16, 23, 46, 48, 53, 85, 99, 106, 118, 157

医療化　　7, 8, 11, 15, 16, 17, 18, 23, 24, 55, 121, 144

医療モデル　　28

インデキシカルな表現　　21

インデックス性　　36-38

インペアメント　　27, 28, 29, 30, 52

映像データ分析　　7, 8, 25, 40-43, 49, 50, 55

エスノグラフィー　　8, 25, 45, 49, 50, 121

エスノメソドロジー　　7, 21, 27, 31, 33, 34, 36, 37, 39, 40, 41, 45, 48, 54, 55, 161

カ行

解釈のドキュメンタリーメソッド　　133, 134, 147

会話分析　　43, 47

カテゴリー　　5, 8, 16, 19, 20, 24, 25, 30, 35, 36, 39, 43, 44, 54, 82, 83, 88, 99, 103, 104, 116, 119, 120, 128, 129, 136, 142, 143, 147, 163, 166, 167

カテゴリー化　　43, 100, 104, 116, 120, 168

記述実践　　86, 88, 89, 90, 94, 97, 98, 101

教育可能性　　81, 99, 162, 168

教育的支援　　6, 11, 12, 14, 15, 18, 22, 23, 99, 165, 170

切り離し手続き　　83, 85

薬カテゴリー　　129, 136, 137, 140, 141, 142, 145, 146, 147

高機能自閉症　　12, 13, 14

構築主義アプローチ　　31, 32, 33

構築主義的エスノグラフィー　　45

広汎性発達障害　　24, 25, 60, 63

個人モデル　　8, 18, 28, 29, 57

188

索　引

個人的現実　84, 85, 88, 89, 94, 97, 98, 162

サ行

質的調査法　40, 46, 48

自閉症　4, 20, 24, 32, 60, 103, 104, 166

　　——児　57, 58, 59, 60, 63, 76, 77, 78, 83, 86, 100, 162

　　——スペクトラム　24, 25, 57, 127

社会構築主義　7, 12, 27, 31, 33, 54, 161

社会的構成論　31, 33, 40, 81

社会モデル　27, 28, 29, 30, 31, 40, 52, 55

障害　3, 4, 5, 6, 7, 8, 9, 11, 12, 13, 14, 15, 17, 18, 19, 20, 21, 22, 23, 24, 25, 27, 28, 29, 30, 32, 33, 35, 36, 37, 38, 39, 40, 41, 42, 43, 44, 45, 48, 51, 52, 54, 55, 57, 58, 59, 79, 81, 82, 83, 88, 99, 100, 103, 104, 105, 106, 118, 119, 120, 121, 122, 123, 124, 127, 144, 145, 149, 155, 156, 161, 162, 164, 165, 166, 167, 168, 169, 170, 171

　　——学　7, 27, 28, 29, 31, 40, 52, 53, 54, 55

　　——児　3, 5, 29, 35, 36, 41, 42, 54, 55, 58, 78, 79, 81, 82, 83, 86, 98, 99, 162, 165, 168

障害児教育　55, 59, 82, 99, 168, 169, 171

　　——研究　39, 40, 41, 43, 55, 81, 82

　　——政策　11, 13

　　——実践　40, 51, 57, 85

障害児であること　8, 36, 43, 81, 82, 83, 85, 88, 97, 164, 165

障害者　5, 7, 15, 27, 28, 29, 30, 52, 55, 100

障害の観察可能性　8, 42, 45, 51, 119

スティグマ　83, 84, 85

成員カテゴリー　35, 43

相互行為　1, 6, 7, 8, 9, 19, 20, 21, 22, 25, 30, 31, 33, 36, 37, 38, 40, 41, 43, 44, 46, 47, 48, 51, 57, 59, 61, 63, 64, 70, 73, 76, 77, 78, 79, 81, 83, 85, 98, 101, 103, 104, 105, 113, 118, 119, 120, 159, 161, 162, 163, 164, 165, 167, 169, 170, 171, 172,

　　——形式　8, 81, 83, 84, 85, 97, 98, 105, 165

　　——系列　8, 57, 59, 105

　　——分析　40, 42, 100

相互反映性　36, 37

遡及的解釈　136, 137, 147

タ行

ディスアビリティ　27, 28, 29, 30, 52

できなさ　8, 30, 35, 57, 72, 76, 77, 78, 89, 149, 155, 157, 159, 160, 161, 162, 163, 164, 172

特殊教育　5, 11, 12, 13

189

特別支援教育　　5, 11, 12, 13, 14, 15, 22, 23, 52, 55, 145, 148, 169, 170
トランスクリプト　　27, 41, 44, 48, 50, 51, 56, 67, 69, 91, 105, 114, 119

ハ行
発達障害　　4, 5, 6, 7, 8, 9, 11, 12, 13, 14, 15, 16, 17, 19, 20, 21, 22, 23, 24, 25, 123, 144, 145, 161, 165, 166, 167, 168,
　──児　　12, 14, 15, 17, 23, 24, 49, 55, 60, 165,
　──者支援法　　19, 24
非対称性　　83, 103, 104, 105, 112, 118, 120, 164, 165
病人役割　　16
文化モデル　　28, 52
文脈　　5, 18, 21, 29, 30, 36, 37, 39, 43, 44, 58, 100, 105, 120, 139, 161, 167

マ行
見られてはいるが気づかれていない　　33-35, 38, 42, 47, 54
無能力さ　　99, 149
メンバー性　　8, 103, 104, 106, 113, 117, 118, 119, 161, 163
問題行動　　4, 5, 8, 9, 14, 16, 17, 23, 35, 121, 129, 132, 133, 135, 136, 137, 138, 140, 141, 142, 145, 146, 149, 163, 165, 171, 172

ヤ行
やりとり　　7, 19, 20, 39, 42, 46, 47, 54, 57, 59, 60, 61, 62, 63, 74, 76, 81, 85, 89, 90, 91, 93, 94, 97, 98, 99, 100, 103, 104, 111,114, 115,116, 129, 135, 137, 140

ラ行
ラベリング論　　33, 53
療育　　7, 8, 17, 49, 57, 58, 59, 60, 62, 63, 76, 77, 78, 79, 162, 163, 164
療育者　　8, 60, 61, 62, 63, 64, 67, 69, 70, 71, 72, 73, 76, 77, 78, 79, 103, 162, 171
隣接対　　47, 60-62, 90, 91, 116

著者略歴

鶴田真紀（つるた　まき）

1977 年生まれ。

立教大学大学院文学研究科教育学専攻博士課程後期課程を単位取得退学。

立教大学から博士（教育学）を取得。

現在、創価大学教育学部准教授。

専門は、教育社会学、障害児教育の社会学。

主要業績

「『児童になること』と挙手ルール」北澤毅・間山広朗（編）『教師のメソドロジー——
社会学的に教育実践を創るために』(北樹出版、pp.31-41、2018 年)

「『発達障害のある子ども』における『子どもらしさ』の語られ方——『逸脱』を構成す
る概念装置」(『子ども社会研究』24、2018 年近刊)

「自閉症児の言語獲得をめぐる相互行為系列——療育実践場面の分析を通して」『教育
社会学研究』(82、pp.205-225、2008 年) など。

質的社会研究シリーズ9

はったつしょうがいのきょういくしゃかいがく

発達障害の教育社会学 ——————————————————
教育実践の相互行為研究

発　行 —— 2018年7月28日　第1刷発行

定　価 —— 定価はカバーに表示

© 著　者 — 鶴田真紀

　　発行者 — 小林達也

　　発行所 — ハーベスト社

　　　　　〒 188-0013　東京都西東京市向台町 2-11-5

　　　　　電話　042-467-6441

　　　　　振替　00170-6-68127

　　　　　http://www.harvest-sha.co.jp

印刷・製本　（株）平河工業社

落丁・乱丁本はお取りかえいたします。

Printed in Japan

ISBN978-4-86339-099-7 C3036

© TSURUTA Maki, 2018

本書の内容を無断で複写・複製・転訳載することは、著作者および出版者の権利を侵害することがご
ざいます。その場合には、あらかじめ小社に許諾を求めてください。

視覚障害などで活字のまま本書を活用できない人のために、非営利の場合にのみ「録音図書」「点字図書」
「拡大複写」などの製作を認めます。その場合には、小社までご連絡ください。

質的社会研究新時代へ向けて
質的社会研究シリーズ　江原由美子・木下康仁・山崎敬一シリーズ編集

美貌の陥穽　第2版
セクシュアリティーのエスノメソドロジー　　　　質的社会研究シリーズ1
山崎敬一著 A5　本体¥2300 978-486339-012-6 09/10
会話分析の名著、待望の復刊。「行為の複数文脈性」、プリズムのように複数の規範を照らしだす「沈黙」、複数規範に感受的に行為を組みたてる「慣行的行為」、そのような慣行的行為として読みとかれる「沈黙」と「うなずき」と「割り込み」などを、膨大なデータの中から読み解く。

セルフヘルプ・グループの自己物語論
アルコホリズムと死別体験を例に　　　　　　質的社会研究シリーズ2
伊藤智樹著 A5　本体¥2600 978-486339-013-3 09/10
本書の目的は、セルフヘルプ・グループを自己物語構成の場としてとらえることにある。こうした根本的な問いに答えてゆくための鍵は、参加者たちの自己物語が握っている。

質的調査データの2次分析
イギリスの格差拡大プロセスの分析視角　質的社会研究シリーズ3
武田尚子著 A5　本体¥2700 978-486339-014-0 09/10
英国社会学の泰斗パール教授を中心に、サッチャー政権下貧困が深刻化し格差が拡大した1980年代英国で行われたシェビー・スタディーズのデータセットを読み込み、ある家族の物語から貧困のスパイラル過程を明らかにする。

性同一性障害のエスノグラフィ
性現象の社会学　　　　　　　　　　質的社会研究シリーズ4
鶴田幸恵著 A5　本体¥2700 978-486339-015-7 09/10
性同一性障害である人びとが「女/男らしさ」を追求するためにおこなっている二つの実践を記述し、その記述をとおして、性別それ自体や、性別現象のあり方について考察する。

性・メディア・風俗
週刊誌『アサヒ芸能』からみる風俗としての性　　質的社会研究シリーズ5
景山佳代子著 A5228頁 9784863390249 10/08
週刊誌『アサヒ芸能』を創刊号からの読み込み、当事者たちへの聞き取り調査に加え使われる単語を量的手法をで分析。質的調査に量的手法を加味するという独特の手法で『アサヒ芸能』に描かれた戦後の性風俗を徹底的に解剖してゆく。

2015年度社会福祉学会奨励賞受賞作品
軽度障害の社会学
「異化&統合」をめざして　　　　　　　質的社会研究シリーズ6
秋風千恵著 A5 本体¥2200　978-4863390409 13/03
本書は、従来の障害者研究とは異なり、可視的ではない障害者、自身を重度障害者と認識していない人びとといったいわゆる軽度障害者および障害者の括りには入らないが社会的不利の大きい人びとについての希な研究といえる。

路の上の仲間たち　野宿者支援・運動の社会誌
山北輝裕　著 A5　本体¥2300　　　　　　質的社会研究シリーズ7
本書は、名古屋市・大阪市における野宿者支援（運動）団体への参与観察をもとに、現代日本における野宿者と支援者をめぐる関係性を記述し、社会学的に分析することを目的とする。被対象者に寄り添いながら野宿者／支援者を緻密に記述分析した本書は、まさに傑作エスノグラフィの誕生といえるだろう。

子どものジェンダー構築　幼稚園・保育園のエスノグラフィ
藤田由美子著 A5　本体¥2700　　　　　　質的社会研究シリーズ8
本書の目的は，幼児期におけるジェンダー構築のありようを，子どもたちの幼稚園・保育園生活への構築主義的アプローチにより，教育社会学的に明らかにすることである。

ハーベスト社